PREFACIO

La colección de guías de conversación para viajar "Todo irá bien" publicada por T&P Books está diseñada para personas que viajan al extranjero para turismo y negocios. Las guías contienen lo más importante - los elementos esenciales para una comunicación básica.Éste es un conjunto de frases imprescindibles para "sobrevivir" mientras está en el extranjero.

Esta guía de conversación le ayudará en la mayoría de los casos donde usted necesite pedir algo, conseguir direcciones, saber cuánto cuesta algo, etc. Puede también resolver situaciones difíciles de la comunicación donde los gestos no pueden ayudar.

Este libro contiene una gran cantidad de frases que han sido agrupadas según los temas más relevantes. Esta edición también incluye un pequeño vocabulario que contiene alrededor de 3.000 de las palabras más frecuentemente usadas.Otra sección de la guía proporciona un glosario gastronómico que le puede ayudar a pedir los alimentos en un restaurante o a comprar comestibles en la tienda.

Llévese la guía de conversación "Todo irá bien" en el camino y tendrá una insustituible compañera de viaje que le ayudará a salir de cualquier situación y le enseñará a no temer hablar con extranjeros.

TABLA DE CONTENIDOS

T&P Books Publishing

Colección de guías de conversación
"¡Todo irá bien!"

T&P Books Publishing

GUÍA DE CONVERSACIÓN
- PORTUGUÉS -

Andrey Taranov

LAS PALABRAS Y LAS FRASES MÁS ÚTILES

Esta Guía de Conversación contiene las frases y las preguntas más comunes necesitadas para una comunicación básica con extranjeros

Guía de conversación + diccionario de 3000 palabras

Guía de conversación Español-Portugués y vocabulario temático de 3000 palabras

por Andrey Taranov

La colección de guías de conversación para viajar "Todo irá bien" publicada por T&P Books está diseñada para personas que viajan al extranjero para turismo y negocios. Las guías contienen lo más importante - los elementos esenciales para una comunicación básica. Éste es un conjunto de frases imprescindibles para "sobrevivir" mientras está en el extranjero.

Este libro también incluye un pequeño vocabulario temático que contiene alrededor de 3.000 de las palabras más frecuentemente usadas. Otra sección de la guía proporciona un glosario gastronómico que le puede ayudar a pedir los alimentos en un restaurante o a comprar comestibles en la tienda.

Copyright © 2024 T&P Books Publishing

Todos los derechos reservados. Ninguna porción de este libro puede reproducirse o utilizarse de ninguna manera o por ningún medio; sea electrónico o mecánico, lo cual incluye la fotocopia, grabación o información almacenada y sistemas de recuperación, sin el permiso escrito de la editorial.

T&P Books Publishing
www.tpbooks.com

ISBN: 978-1-78492-656-4

Este libro está disponible en formato electrónico o de E-Book también.
Visite www.tpbooks.com o las librerías electrónicas más destacadas en la Red.

PRONUNCIACIÓN

T&P alfabeto fonético	Ejemplo portugués	Ejemplo español

Las vocales

[a]	**baixo** ['baɪʃu]	radio
[ɐ]	**junta** ['ʒũtɐ]	altura
[e]	**erro** ['eʀu]	verano
[ɛ]	**leve** ['lɛvə]	mes
[ə]	**cliente** [kli'ẽtə]	llave
[i]	**lancil** [lã'sil]	ilegal
[ɪ]	**baixo** ['baɪʃu]	abismo
[o], [ɔ]	**boca, orar** ['bokɐ], [ɔ'raɾ]	bolsa
[u]	**urgente** [uɾ'ʒẽtə]	mundo
[ã]	**toranja** [tu'rãʒɐ]	[a] nasal
[ẽ]	**gente** ['ʒẽtə]	[e] nasal
[ĩ]	**seringa** [sə'rĩgɐ]	[i] nasal
[õ]	**ponto** ['põtu]	[o] nasal
[ũ]	**umbigo** [ũ'bigu]	[u] nasal

Las consonantes

[b]	**banco** ['bãku]	en barco
[d]	**duche** ['duʃə]	desierto
[f]	**facto** ['faktu]	golf
[g]	**gorila** [gu'rilɐ]	jugada
[ʲ]	**margem** ['marʒẽʲ]	asiento
[j]	**feira** ['fɐjrɐ]	asiento
[k]	**claro** ['klaru]	charco
[l]	**Londres** ['lõdrəʃ]	lira
[ʎ]	**molho** ['moʎu]	lágrima
[m]	**montanha** [mõ'tɐɲɐ]	nombre
[n]	**novela** [nu'vɛlɐ]	número
[ɲ]	**senhora** [sə'ɲorɐ]	leña
[ŋ]	**marketing** ['markətiŋ]	rincón
[p]	**prata** ['pratɐ]	precio
[ʀ]	**regador** [ʀəgɐ'doɾ]	R francesa (gutural)

T&P alfabeto fonético	Ejemplo portugués	Ejemplo español
[ɾ]	**aberto** [ɐ'bɛɾtu]	pero
[s]	**safira** [sɐ'fiɾɐ]	salva
[ʃ]	**texto** ['tɛʃtu]	shopping
[t]	**teto** ['tɛtu]	torre
[ʧ]	**cappuccino** [kapu'ʧinu]	mapache
[v]	**alvo** ['alvu]	travieso
[z]	**vizinha** [vi'ziɲɐ]	desde
[ʒ]	**juntos** ['ʒũtuʃ]	adyacente
[w]	**sequoia** [sə'kwɔjɐ]	acuerdo

LISTA DE ABREVIATURAS

Abreviatura en español

adj	-	adjetivo
adv	-	adverbio
anim.	-	animado
conj	-	conjunción
etc.	-	etcétera
f	-	sustantivo femenino
f pl	-	femenino plural
fam.	-	uso familiar
fem.	-	femenino
form.	-	uso formal
inanim.	-	inanimado
innum.	-	innumerable
m	-	sustantivo masculino
m pl	-	masculino plural
m, f	-	masculino, femenino
masc.	-	masculino
mat	-	matemáticas
mil.	-	militar
num.	-	numerable
p.ej.	-	por ejemplo
pl	-	plural
pron	-	pronombre
sg	-	singular
v aux	-	verbo auxiliar
vi	-	verbo intransitivo
vi, vt	-	verbo intransitivo, verbo transitivo
vr	-	verbo reflexivo
vt	-	verbo transitivo

Abreviatura en portugués

f	-	sustantivo femenino
f pl	-	femenino plural
m	-	sustantivo masculino
m pl	-	masculino plural
m, f	-	masculino, femenino

pl	-	plural
v aux	-	verbo auxiliar
vi	-	verbo intransitivo
vi, vt	-	verbo intransitivo, verbo transitivo
vr	-	verbo reflexivo
vt	-	verbo transitivo

GUÍA DE CONVERSACIÓN PORTUGUÉS

Esta sección contiene frases importantes que pueden resultar útiles en varias situaciones de la vida real. La Guía le ayudará a pedir direcciones, aclaración sobre precio, comprar billetes, y pedir alimentos en un restaurante

T&P Books Publishing

CONTENIDO DE LA GUÍA DE CONVERSACIÓN

Lo más imprescindible

Perdone, …	**Desculpe, …** [dɛʃk'ulpɛ, …]
Hola.	**Olá!** [ɔl'a!]
Gracias.	**Obrigado /Obrigada/.** [ɔbrig'adu /ɔbrig'ada/]
Sí.	**Sim.** [sĩ]
No.	**Não.** ['nau]
No lo sé.	**Não sei.** ['nau sɛj]
¿Dónde? | ¿A dónde? | ¿Cuándo?	**Onde? | Para onde? | Quando?** ['õdɛ? | 'para 'õdɛ? | ku'ãdu?]
Necesito …	**Preciso de …** [prɛs'izu dɛ …]
Quiero …	**Eu queria …** ['eu kɛr'ia …]
¿Tiene …?	**Tem …?** [tɛj …?]
¿Hay … por aquí?	**Há aqui …?** ['a ak'i …?]
¿Puedo …?	**Posso …?** ['pɔsu …?]
…, por favor? (petición educada)	**…, por favor** […, pur fav'or]
Busco …	**Estou à procura de …** [ʃto a prɔk'ura dɛ …]
el servicio	**casa de banho** ['kaza dɛ 'baɲu]
un cajero automático	**Multibanco** [multib'ãku]
una farmacia	**farmácia** [farm'asia]
el hospital	**hospital** [ɔʃpit'al]
la comisaría	**esquadra de polícia** [ɛʃku'adra dɛ pul'isia]
el metro	**metro** ['mɛtru]

un taxi	**táxi** ['taksi]
la estación de tren	**estação de comboio** [ɛʃtas'au dɛ kõb'ɔju]

Me llamo ...	**Chamo-me ...** ['ʃamumɛ ...]
¿Cómo se llama?	**Como se chama?** ['komu sɛ ʃ'ama?]
¿Puede ayudarme, por favor?	**Pode-me dar uma ajuda?** ['pɔdɛmɛ dar 'uma aʒ'uda?]
Tengo un problema.	**Tenho um problema.** ['tɛɲu ũ prubl'ema]
Me encuentro mal.	**Não me sinto bem.** ['nau mɛ 'sĩtu bɛj]
¡Llame a una ambulancia!	**Chame a ambulância!** ['ʃamɛ a ãbul'ãsia!]
¿Puedo llamar, por favor?	**Posso fazer uma chamada?** ['pɔsu faz'er 'uma ʃam'ada?]

Lo siento.	**Desculpe.** [dɛʃk'ulpɛ]
De nada.	**De nada.** [dɛ 'nada]

Yo	**eu** ['eu]
tú	**tu** [tu]
él	**ele** ['ɛlɛ]
ella	**ela** ['ɛla]
ellos	**eles** ['ɛleʃ]
ellas	**elas** ['ɛlaʃ]
nosotros /nosotras/	**nós** [nɔʃ]
ustedes, vosotros	**vocês** [vɔs'eʃ]
usted	**você** [vɔs'e]

ENTRADA	**ENTRADA** [ẽtr'ada]
SALIDA	**SAÍDA** [sa'ida]
FUERA DE SERVICIO	**FORA DE SERVIÇO** [f'ora dɛ sɛrv'isu]
CERRADO	**FECHADO** [fɛʃ'adu]

ABIERTO	**ABERTO** [ab'ɛrtu]
PARA SEÑORAS	**PARA SENHORAS** ['para sɛɲ'oraʃ]
PARA CABALLEROS	**PARA HOMENS** ['para 'ɔmɛjʃ]

Preguntas

¿Dónde?	**Onde?** ['õdɛ?]
¿A dónde?	**Para onde?** ['para 'õdɛ?]
¿De dónde?	**De onde?** [dɛ 'õdɛ?]
¿Por qué?	**Porquê?** [purk'e?]
¿Con que razón?	**Porque razão?** ['purkɛ raz'au?]
¿Cuándo?	**Quando?** [ku'ãdu?]
¿Cuánto tiempo?	**Quanto tempo?** [ku'ãtu 'tẽpu?]
¿A qué hora?	**A que horas?** [a kɛ 'ɔraʃ?]
¿Cuánto?	**Quanto?** [ku'ãtu?]
¿Tiene ...?	**Tem ...?** [tɛj ...?]
¿Dónde está ...?	**Onde fica ...?** ['õdɛ 'fika ...?]
¿Qué hora es?	**Que horas são?** [kɛ 'ɔraʃ 'sau?]
¿Puedo llamar, por favor?	**Posso fazer uma chamada?** ['pɔsu faz'er 'uma ʃam'ada?]
¿Quién es?	**Quem é?** [kɛj ɛ?]
¿Se puede fumar aquí?	**Posso fumar aqui?** ['pɔsu fum'ar ak'i?]
¿Puedo ...?	**Posso ...?** ['pɔsu ...?]

Necesidades

Quisiera ...	**Eu gostaria de ...** ['eu guʃtar'ia dɛ ...]
No quiero ...	**Eu não quero ...** ['eu 'nau 'kɛru ...]
Tengo sed.	**Tenho sede.** ['tɛɲu 'sedɛ]
Tengo sueño.	**Eu quero dormir.** ['eu 'kɛru durm'ir]
Quiero ...	**Eu queria ...** ['eu kɛr'ia ...]
lavarme	**lavar-me** [lav'armɛ]
cepillarme los dientes	**escovar os dentes** [ɛʃkuv'ar uʃ 'dẽtɛʃ]
descansar un momento	**descansar um pouco** [dɛʃkãs'ar ũ 'poku]
cambiarme de ropa	**trocar de roupa** [truk'ar dɛ 'ropa]
volver al hotel	**voltar ao hotel** [vɔlt'ar 'au ɔt'ɛl]
comprar ...	**comprar ...** [kõpr'ar ...]
ir a ...	**ir para ...** [ir 'para ...]
visitar ...	**visitar ...** [vizit'ar ...]
quedar con ...	**encontrar-me com ...** [ẽkõtr'armɛ kõ ...]
hacer una llamada	**fazer uma chamada** [faz'er 'uma ʃam'ada]
Estoy cansado /cansada/.	**Estou cansado /cansada/.** [ʃto kãs'adu /kãs'ada/]
Estamos cansados /cansadas/.	**Nós estamos cansados /cansadas/.** [nɔʃ ɛʃt'amuʃ kãs'aduʃ /kãs'adaʃ/]
Tengo frío.	**Tenho frio.** ['tɛɲu fr'iu]
Tengo calor.	**Tenho calor.** ['tɛɲu kal'or]
Estoy bien.	**Estou bem.** [ʃto bɛj]

Tengo que hacer una llamada.	**Preciso de telefonar.** [prɛs'izu dɛ tɛlɛfun'ar]
Necesito ir al servicio.	**Preciso de ir à casa de banho.** [prɛs'izu dɛ ir a 'kaza dɛ 'baɲu]
Me tengo que ir.	**Tenho de ir.** ['tɛɲu dɛ ir]
Me tengo que ir ahora.	**Tenho de ir agora.** ['tɛɲu dɛ ir ag'ɔra]

Preguntar por direcciones

Perdone, ...	**Desculpe, ...** [dɛʃk'ulpɛ, ...]
¿Dónde está ...?	**Onde fica ...?** ['õdɛ 'fika ...?]
¿Por dónde está ...?	**Para que lado fica ...?** ['para kɛ 'ladu 'fika ...?]
¿Puede ayudarme, por favor?	**Pode-me dar uma ajuda?** ['pɔdɛmɛ dar 'uma aʒ'uda?]
Busco ...	**Estou à procura de ...** [ʃto a prɔk'ura dɛ ...]
Busco la salida.	**Estou à procura da saída.** [ʃto a prɔk'ura da sa'ida]
Voy a ...	**Eu vou para ...** ['eu vo 'para ...]
¿Voy bien por aquí para ...?	**Estou a ir bem para ...?** [ʃto a ir bɛj 'para ...?]
¿Está lejos?	**Fica longe?** [f'ika 'lõʒɛ?]
¿Puedo llegar a pie?	**Posso ir até lá a pé?** ['pɔsu ir atɛ la a pɛ?]
¿Puede mostrarme en el mapa?	**Pode-me mostrar no mapa?** ['pɔdɛmɛ muʃtr'ar nu 'mapa?]
Por favor muestreme dónde estamos.	**Mostre-me onde estamos de momento.** ['mɔʃtrɛmɛ 'õdɛ ɛʃt'amuʃ dɛ mum'ẽtu]
Aquí	**Aqui** [ak'i]
Allí	**Ali** [al'i]
Por aquí	**Por aqui** [pur ak'i]
Gire a la derecha.	**Vire à direita.** ['virɛ a dir'ɛjta]
Gire a la izquierda.	**Vire à esquerda.** ['virɛ a ɛʃk'erda]
la primera (segunda, tercera) calle	**primeira (segunda, terceira) curva** [prim'ɛjra (sɛg'ũda, tɛrs'ɛjra) 'kurva]
a la derecha	**para a direita** ['para a dir'ɛjta]

a la izquierda	**para a esquerda** ['para a ɛʃk'erda]
Siga recto.	**Vá sempre em frente.** [va 'sẽprɛ ɛj fr'ẽtɛ]

Carteles

¡BIENVENIDO!	**BEM-VINDOS!** [bɛjv'iduʃ!]
ENTRADA	**ENTRADA** [ẽtr'ada]
SALIDA	**SAÍDA** [sa'ida]
EMPUJAR	**EMPURRAR** [ẽpur'ar]
TIRAR	**PUXAR** [puʃ'ar]
ABIERTO	**ABERTO** [ab'ɛrtu]
CERRADO	**FECHADO** [fɛʃ'adu]
PARA SEÑORAS	**PARA SENHORAS** ['para sɛɲ'oraʃ]
PARA CABALLEROS	**PARA HOMENS** ['para 'ɔmɛjʃ]
CABALLEROS	**HOMENS, CAVALHEIROS** ['ɔmɛjʃ, kavaʎ'ɛjruʃ]
SEÑORAS	**SENHORAS** [sɛɲ'oraʃ]
REBAJAS	**DESCONTOS** [dɛʃk'õtuʃ]
VENTA	**SALDOS** ['salduʃ]
GRATIS	**GRATUITO** [grat'uitu]
¡NUEVO!	**NOVIDADE!** [nuvid'adɛ!]
ATENCIÓN	**ATENÇÃO!** [atẽs'au!]
COMPLETO	**NÃO HÁ VAGAS** ['nau a 'vagaʃ]
RESERVADO	**RESERVADO** [rɛzɛrv'adu]
ADMINISTRACIÓN	**ADMINISTRAÇÃO** [adminiʃtras'au]
SÓLO PERSONAL AUTORIZADO	**ACESSO RESERVADO** [as'ɛsu rɛzɛrv'adu]

CUIDADO CON EL PERRO	**CUIDADO COM O CÃO** [kuid'adu kõ u 'kau]
NO FUMAR	**NÃO FUMAR!** ['nau fum'ar!]
NO TOCAR	**NÃO MEXER!** ['nau mɛʃ'er!]
PELIGROSO	**PERIGOSO** [pɛrig'ozu]
PELIGRO	**PERIGO** [pɛr'igu]
ALTA TENSIÓN	**ALTA TENSÃO** ['alta tẽs'au]
PROHIBIDO BAÑARSE	**PROIBIDO NADAR** [pruib'idu nad'ar]
FUERA DE SERVICIO	**FORA DE SERVIÇO** [f'ora dɛ sɛrv'isu]
INFLAMABLE	**INFLAMÁVEL** [iflam'avɛl]
PROHIBIDO	**PROIBIDO** [pruib'idu]
PROHIBIDO EL PASO	**PASSAGEM PROIBIDA** [pas'aʒɛj pruib'ida]
RECIÉN PINTADO	**PINTADO DE FRESCO** [pĩt'adu dɛ fr'eʃku]
CERRADO POR RENOVACIÓN	**FECHADO PARA OBRAS** [fɛʃ'adu 'para 'ɔbraʃ]
EN OBRAS	**TRABALHOS NA VIA** [trab'aʎuʃ na 'via]
DESVÍO	**DESVIO** [dɛʒv'iu]

Transporte. Frases generales

el avión	**avião** [avj'au]
el tren	**comboio** [kõb'ɔju]
el bus	**autocarro** [autɔk'aru]
el ferry	**ferri** [fɛri]
el taxi	**táxi** ['taksi]
el coche	**carro** ['karu]
el horario	**horário** [ɔr'ariu]
¿Dónde puedo ver el horario?	**Onde posso ver o horário?** ['õdɛ 'pɔsu ver u ɔr'ariu?]
días laborables	**dias de trabalho** ['diaʃ dɛ trab'aʎu]
fines de semana	**fins de semana** [fiʃ dɛ sɛm'ana]
días festivos	**férias** [f'ɛriaʃ]
SALIDA	**PARTIDA** [part'ida]
LLEGADA	**CHEGADA** [ʃɛg'ada]
RETRASADO	**ATRASADO** [atraz'adu]
CANCELADO	**CANCELADO** [kãsɛl'adu]
siguiente (tren, etc.)	**próximo** [pr'ɔsimu]
primero	**primeiro** [prim'ɛjru]
último	**último** ['ultimu]
¿Cuándo pasa el siguiente ...?	**Quando é o próximo ...?** [ku'ãdu ɛ u pr'ɔsimu ...?]
¿Cuándo pasa el primer ...?	**Quando é o primeiro ...?** [ku'ãdu ɛ u prim'ɛjru ...?]

¿Cuándo pasa el último ...? — **Quando é o último ...?**
[ku'ãdu ɛ u 'ultimu ...?]

el trasbordo (cambio de trenes, etc.) — **transbordo**
[trãʒb'ordu]

hacer un trasbordo — **fazer o transbordo**
[faz'er u trãʒb'ordu]

¿Tengo que hacer un trasbordo? — **Preciso de fazer o transbordo?**
[prɛs'izu dɛ faz'er u trãʒb'ordu?]

Comprar billetes

¿Dónde puedo comprar un billete?	**Onde posso comprar bilhetes?** ['õdɛ 'pɔsu kõpr'ar biʎ'etɛʃ?]
el billete	**bilhete** [biʎ'etɛ]
comprar un billete	**comprar um bilhete** [kõpr'ar ũ biʎ'etɛ]
precio del billete	**preço do bilhete** [pr'esu du biʎ'etɛ]
¿Para dónde?	**Para onde?** ['para 'õdɛ?]
¿A qué estación?	**Para que estação?** ['para kɛ ɛʃtas'au?]
Necesito ...	**Preciso de ...** [prɛs'izu dɛ ...]
un billete	**um bilhete** [ũ biʎ'etɛ]
dos billetes	**dois bilhetes** ['dojʃ biʎ'etɛʃ]
tres billetes	**três bilhetes** [treʃ biʎ'etɛʃ]
sólo ida	**só de ida** [sɔ dɛ 'ida]
ida y vuelta	**de ida e volta** [dɛ 'ida i 'vɔlta]
en primera (primera clase)	**primeira classe** [prim'ɛjra kl'asɛ]
en segunda (segunda clase)	**segunda classe** [sɛg'ũda kl'asɛ]
hoy	**hoje** ['oʒɛ]
mañana	**amanhã** [amaɲ'ã]
pasado mañana	**depois de amanhã** [dɛp'ojʃ dɛ amaɲ'ã]
por la mañana	**de manhã** [dɛ maɲ'ã]
por la tarde	**à tarde** [a 'tardɛ]
por la noche	**ao fim da tarde** ['au fi da 'tardɛ]

asiento de pasillo — **lugar de corredor**
[lug'ar dɛ kurɛd'or]

asiento de ventanilla — **lugar à janela**
[lug'ar a ʒan'ɛla]

¿Cuánto cuesta? — **Quanto?**
[ku'ãtu?]

¿Puedo pagar con tarjeta? — **Posso pagar com cartão de crédito?**
['pɔsu pag'ar kõ kart'au dɛ kr'ɛditu?]

Autobús

el autobús	**autocarro** [autɔk'aru]
el autobús interurbano	**camioneta** [kamiun'ɛta]
la parada de autobús	**paragem de autocarro** [par'aʒɛj dɛ autɔk'aru]
¿Dónde está la parada de autobuses más cercana?	**Onde é a paragem de autocarro mais perto?** ['õdɛ ɛ a par'aʒɛj dɛ autɔk'aru majʃ 'pɛrtu?]
número	**número** ['numɛru]
¿Qué autobús tengo que tomar para ...?	**Qual o autocarro que apanho para ...?** [ku'al u autɔk'aru kɛ ap'aɲu 'para ...?]
¿Este autobús va a ...?	**Este autocarro vai até ...?** ['eʃtɛ autɔk'aru vaj atɛ ...?]
¿Cada cuanto pasa el autobús?	**Com que frequência passam os autocarros?** [kõ kɛ frɛku'ẽsia 'pasau uʃ autɔk'aruʃ?]
cada 15 minutos	**de 15 em 15 minutos** [dɛ 'kĩzɛ ɛj 'kĩzɛ min'utuʃ]
cada media hora	**de meia em meia hora** [dɛ 'mɛja ɛj 'mɛja 'ɔra]
cada hora	**de hora a hora** [dɛ 'ɔra a 'ɔra]
varias veces al día	**várias vezes ao dia** ['variaʃ 'vezɛʃ 'au dia]
... veces al día	**... vezes ao dia** [... 'vezɛʃ 'au dia]
el horario	**horário** [ɔr'ariu]
¿Dónde puedo ver el horario?	**Onde posso ver o horário?** ['õdɛ 'pɔsu ver u ɔr'ariu?]
¿Cuándo pasa el siguiente autobús?	**Quando é o próximo autocarro?** [ku'ãdu ɛ u pr'ɔsimu autɔk'aru?]
¿Cuándo pasa el primer autobús?	**Quando é o primeiro autocarro?** [ku'ãdu ɛ u prim'ɛjru autɔk'aru?]
¿Cuándo pasa el último autobús?	**Quando é o último autocarro?** [ku'ãdu ɛ u 'ultimu autɔk'aru?]

la parada	**paragem** [par'aʒɛj]
la siguiente parada	**próxima paragem** [pr'ɔsima par'aʒɛj]
la última parada	**última paragem** ['ultima par'aʒɛj]
Pare aquí, por favor.	**Pare aqui, por favor.** ['parɛ ak'i, pur fav'or]
Perdone, esta es mi parada.	**Desculpe, esta é a minha paragem.** [dɛʃk'ulpɛ, 'ɛʃta ɛ a 'miɲa par'aʒɛj]

Tren

el tren	**comboio** [kõb'ɔju]
el tren de cercanías	**comboio sub-urbano** [kõb'ɔju suburb'anu]
el tren de larga distancia	**comboio de longa distância** [kõb'ɔju dɛ 'lõga diʃt'ãsia]
la estación de tren	**estação de comboio** [ɛʃtas'au dɛ kõb'ɔju]
Perdone, ¿dónde está la salida al anden?	**Desculpe, onde fica a saída para a plataforma?** [dɛʃk'ulpɛ, 'õdɛ 'fika a sa'ida 'para a plataf'ɔrma?]
¿Este tren va a ...?	**Este comboio vai até ...?** ['eʃtɛ kõb'ɔju vaj atɛ ...?]
el siguiente tren	**próximo comboio** [pr'ɔsimu kõb'ɔju]
¿Cuándo pasa el siguiente tren?	**Quando é o próximo comboio?** [ku'ãdu ɛ u pr'ɔsimu kõb'ɔju?]
¿Dónde puedo ver el horario?	**Onde posso ver o horário?** ['õdɛ 'pɔsu ver u ɔr'ariu?]
¿De qué andén?	**Apartir de que plataforma?** [apart'ir dɛ kɛ plataf'ɔrma?]
¿Cuándo llega el tren a ...?	**Quando é que o comboio chega a ...?** [ku'ãdu ɛ kɛ u kõb'ɔju ʃega a ...?]
Ayudeme, por favor.	**Ajude-me, por favor.** [aʒ'udɛmɛ, pur fav'or]
Busco mi asiento.	**Estou à procura do meu lugar.** [ʃto a prɔk'ura du 'meu lug'ar]
Buscamos nuestros asientos.	**Nós estamos à procura dos nossos lugares.** [nɔʃ ɛʃt'amuʃ a prɔk'ura duʃ 'nɔsuʃ lug'arɛʃ]
Mi asiento está ocupado.	**O meu lugar está ocupado.** [u 'meu lug'ar ɛʃt'a ɔkup'adu]
Nuestros asientos están ocupados.	**Os nossos lugares estão ocupados.** [uʃ 'nɔsuʃ lug'arɛʃ ɛʃt'au ɔkup'aduʃ]
Perdone, pero ese es mi asiento.	**Peço desculpa mas este é o meu lugar.** ['pɛsu dɛʃk'ulpa maʃ 'eʃtɛ ɛ u 'meu lug'ar]

¿Está libre?	**Este lugar está ocupado?** ['eʃtɛ lug'ar ɛʃt'a ɔkup'adu?]
¿Puedo sentarme aquí?	**Posso sentar-me aqui?** ['pɔsu sẽt'armɛ ak'i?]

En el tren. Diálogo (Sin billete)

Su billete, por favor. — **Bilhete, por favor.**
[biʎ'etɛ, pur fav'or]

No tengo billete. — **Não tenho bilhete.**
['nau 'tɛɲu biʎ'etɛ]

He perdido mi billete. — **Perdi o meu bilhete.**
[pɛrd'i u 'meu biʎ'etɛ]

He olvidado mi billete en casa. — **Esqueci-me do bilhete em casa.**
[ɛʃkɛs'imɛ du biʎ'etɛ ɛj 'kaza]

Le puedo vender un billete. — **Pode comprar um bilhete a mim.**
['pɔdɛ kõpr'ar ũ biʎ'etɛ a 'mĩ]

También deberá pagar una multa. — **Terá também de pagar uma multa.**
[tɛr'a tãb'ɛj dɛ pag'ar 'uma 'multa]

Vale. — **Está bem.**
[ɛʃt'a bɛj]

¿A dónde va usted? — **Onde vai?**
['õdɛ vaj?]

Voy a ... — **Eu vou para ...**
['eu vo 'para ...]

¿Cuánto es? No lo entiendo. — **Quanto é? Eu não entendo.**
[ku'ãtu 'ɛ? 'eu 'nau ẽt'ẽdu]

Escríbalo, por favor. — **Escreva, por favor.**
[ɛʃkr'eva, pur fav'or]

Vale. ¿Puedo pagar con tarjeta? — **Está bem. Posso pagar com cartão de crédito?**
[ɛʃt'a bɛj. 'pɔsu pag'ar kõ kart'au dɛ kr'ɛditu]

Sí, puede. — **Sim, pode.**
[sĩ, 'pɔdɛ]

Aquí está su recibo. — **Aqui tem a sua fatura.**
[ak'i tɛj a 'sua fat'ura]

Disculpe por la multa. — **Desculpe pela multa.**
[dɛʃk'ulpɛ 'pela 'multa]

No pasa nada. Fue culpa mía. — **Não tem mal. A culpa foi minha.**
['nau tɛj mal. a 'kulpa 'foj 'miɲa]

Disfrute su viaje. — **Desfrute da sua viagem.**
[dɛʃfr'utɛ da 'sua vj'aʒɛj]

Taxi

taxi	**táxi** ['taksi]
taxista	**taxista** [taks'iʃta]
coger un taxi	**apanhar um táxi** [apaɲ'ar ũ 'taksi]
parada de taxis	**paragem de táxis** [par'aʒɛj dɛ 'taksiʃ]
¿Dónde puedo coger un taxi?	**Onde posso apanhar um táxi?** ['õdɛ 'pɔsu apaɲ'ar ũ 'taksi?]
llamar a un taxi	**chamar um táxi** [ʃam'ar ũ 'taksi]
Necesito un taxi.	**Preciso de um táxi.** [prɛs'izu dɛ ũ 'taksi]
Ahora mismo.	**Agora.** [ag'ɔra]
¿Cuál es su dirección?	**Qual é a sua morada?** [ku'al ɛ a 'sua mur'ada?]
Mi dirección es ...	**A minha morada é ...** [a 'miɲa mur'ada ɛ ...]
¿Cuál es el destino?	**Qual o seu destino?** [ku'al u 'seu dɛʃt'inu?]

Perdone, ...	**Desculpe, ...** [dɛʃk'ulpɛ, ...]
¿Está libre?	**Está livre?** [ɛʃt'a 'livrɛ?]
¿Cuánto cuesta ir a ...?	**Em quanto fica a corrida até ...?** [ɛj ku'ãtu 'fika a kur'ida atɛ ...?]
¿Sabe usted dónde está?	**Sabe onde é?** ['sabɛ 'õdɛ ɛ?]

Al aeropuerto, por favor.	**Para o aeroporto, por favor.** ['para u aɛrɔp'ortu, pur fav'or]
Pare aquí, por favor.	**Pare aqui, por favor.** ['parɛ ak'i, pur fav'or]
No es aquí.	**Não é aqui.** ['nau ɛ ak'i]
La dirección no es correcta.	**Esta morada está errada.** ['ɛʃta mur'ada ɛʃt'a ir'ada]
Gire a la izquierda.	**Vire à esquerda.** ['virɛ a ɛʃk'erda]
Gire a la derecha.	**Vire à direita.** ['virɛ a dir'ɛjta]

¿Cuánto le debo?	**Quanto lhe devo?** [ku'ãtu ʎɛ 'devu?]
¿Me da un recibo, por favor?	**Queria fatura, por favor.** [kɛr'ia fat'ura, pur fav'or]
Quédese con el cambio.	**Fique com o troco.** [f'ikɛ kõ u tr'oku]

Espéreme, por favor.	**Espere por mim, por favor.** [ɛʃp'ɛrɛ pur mĩ, pur fav'or]
cinco minutos	**5 minutos** ['sĩku min'utuʃ]
diez minutos	**10 minutos** [dɛʃ min'utuʃ]
quince minutos	**15 minutos** ['kĩzɛ min'utuʃ]
veinte minutos	**20 minutos** ['vĩtɛ min'utuʃ]
media hora	**meia hora** ['mɛja 'ɔra]

Hotel

Hola.	**Olá!** [ɔl'a!]
Me llamo ...	**Chamo-me ...** ['ʃamumɛ ...]
Tengo una reserva.	**Tenho uma reserva.** ['tɛɲu 'uma rɛz'ɛrva]
Necesito ...	**Preciso de ...** [prɛs'izu dɛ ...]
una habitación individual	**um quarto de solteiro** [ũ ku'artu dɛ sɔlt'ɛjru]
una habitación doble	**um quarto de casal** [ũ ku'artu dɛ kaz'al]
¿Cuánto cuesta?	**Quanto é?** [ku'ãtu 'ɛ?]
Es un poco caro.	**Está um pouco caro.** [ɛʃt'a ũ 'poku 'karu]
¿Tiene alguna más?	**Não tem outras opções?** ['nau tɛj 'otraʃ ɔps'õjʃ?]
Me quedo.	**Eu fico com ele.** ['eu 'fiku kõ 'ɛle]
Pagaré en efectivo.	**Eu pago em dinheiro.** ['eu 'pagu ɛj diɲ'ɛjru]
Tengo un problema.	**Tenho um problema.** ['tɛɲu ũ prubl'ema]
Mi ... no funciona.	**O meu ... está partido** **/A minha ... está partida/.** [u 'meu ... ɛʃt'a part'idu /a 'miɲa ... ɛʃt'a part'ida/]
Mi ... está fuera de servicio.	**O meu ... está avariado** **/A minha ... está avariada/.** [u 'meu ... ɛʃt'a avarj'adu /a 'miɲa ... ɛʃt'a avarj'ada/]
televisión	**televisor** [tɛlɛviz'or]
aire acondicionado	**ar condicionado** [ar kõdisiun'adu]
grifo	**torneira** [turn'ɛjra]
ducha	**duche** ['duʃɛ]

lavabo	**lavatório** [lavat'ɔriu]
caja fuerte	**cofre** ['kɔfrɛ]
cerradura	**fechadura** [fɛʃad'ura]
enchufe	**tomada elétrica** [tum'ada el'ɛtrika]
secador de pelo	**secador de cabelo** [sɛkad'or dɛ kab'elu]

No tengo ...	**Não tenho ...** ['nau 'tɛɲu ...]
agua	**água** ['agua]
luz	**luz** [luʃ]
electricidad	**eletricidade** [elɛtrisid'adɛ]

¿Me puede dar ...?	**Pode dar-me ...?** ['pɔdɛ darmɛ ...?]
una toalla	**uma toalha** ['uma tu'aʎa]
una sábana	**um cobertor** [ũ kubɛrt'or]
unas chanclas	**uns chinelos** [ũʃ ʃin'ɛluʃ]
un albornoz	**um roupão** [ũ rop'au]
un champú	**algum champô** [alg'ũ ʃãp'o]
jabón	**algum sabonete** [alg'ũ sabun'etɛ]

Quisiera cambiar de habitación.	**Gostaria de trocar de quartos.** [guʃtar'ia dɛ truk'ar dɛ ku'artuʃ]
No puedo encontrar mi llave.	**Não consigo encontrar a minha chave.** ['nau kõs'igu ẽkõtr'ar a 'miɲa ʃavɛ]
Por favor abra mi habitación.	**Abra-me o quarto, por favor.** ['abramɛ u ku'artu, pur fav'or]

¿Quién es?	**Quem é?** [kɛj ɛ?]
¡Entre!	**Entre!** [ẽtrɛ!]
¡Un momento!	**Um minuto!** [ũ min'utu!]
Ahora no, por favor.	**Agora não, por favor.** [ag'ɔra 'nau, pur fav'or]
Venga a mi habitación, por favor.	**Venha ao meu quarto, por favor.** ['vɛɲa 'au 'meu ku'artu, pur fav'or]

Quisiera hacer un pedido.	**Gostaria de encomendar comida.** [guʃtar'ia dɛ ẽkumẽd'ar kum'ida]
Mi número de habitación es ...	**O número do meu quarto é ...** [u 'numɛru du 'meu ku'artu ɛ ...]

Me voy ...	**Estou de saída ...** [ʃto dɛ sa'ida ...]
Nos vamos ...	**Estamos de saída ...** [ʃt'amuʃ dɛ sa'ida ...]
Ahora mismo	**agora** [ag'ɔra]
esta tarde	**esta tarde** ['ɛʃta 'tardɛ]
esta noche	**hoje à noite** ['oʒɛ a 'nojtɛ]
mañana	**amanhã** [amaɲ'ã]
mañana por la mañana	**amanhã de manhã** [amaɲ'ã dɛ maɲ'ã]
mañana por la noche	**amanhã ao fim da tarde** [amaɲ'ã 'au fĩ da 'tardɛ]
pasado mañana	**depois de amanhã** [dɛp'ojʃ dɛ amaɲ'ã]

Quisiera pagar la cuenta.	**Gostaria de pagar.** [guʃtar'ia dɛ pag'ar]
Todo ha estado estupendo.	**Estava tudo maravilhoso.** [ɛʃt'ava 'tudu maraviʎ'ozu]
¿Dónde puedo coger un taxi?	**Onde posso apanhar um táxi?** ['õdɛ 'pɔsu apaɲ'ar ũ 'taksi?]
¿Puede llamarme un taxi, por favor?	**Pode me chamar um táxi, por favor?** ['pɔdɛ mɛ ʃam'ar ũ 'taksi, pur fav'or]

Restaurante

¿Puedo ver el menú, por favor?	**Posso ver o menu, por favor?** ['pɔsu 'ver u mɛn'u, pur fav'or?]
Mesa para uno.	**Mesa para um.** ['meza 'para ũ]
Somos dos (tres, cuatro).	**Somos dois (três, quatro).** ['somuʃ dojʃ (treʃ, ku'atru)]

Para fumadores	**Para fumadores** ['para fumad'orɛʃ]
Para no fumadores	**Para não fumadores** ['para 'nau fumad'orɛʃ]
¡Por favor! (llamar al camarero)	**Por favor!** [pur fav'or!]
la carta	**menu** [mɛn'u]
la carta de vinos	**lista de vinhos** ['liʃta dɛ 'viɲuʃ]
La carta, por favor.	**O menu, por favor.** [u mɛn'u, pur fav'or]

¿Está listo para pedir?	**Já escolheu?** [ʒa ɛʃkuʎ'eu?]
¿Qué quieren pedir?	**O que vai tomar?** [u kɛ vaj tum'ar?]
Yo quiero …	**Eu quero …** ['eu 'kɛru …]

Soy vegetariano.	**Eu sou vegetariano /vegetariana/.** ['eu so vɛʒɛtarj'anu /vɛʒɛtarj'ana/]
carne	**carne** ['karnɛ]
pescado	**peixe** ['pɛjʃɛ]
verduras	**vegetais** [vɛʒɛt'ajʃ]
¿Tiene platos para vegetarianos?	**Tem pratos vegetarianos?** [tɛj pr'atuʃ vɛʒɛtarj'anuʃ?]
No como cerdo.	**Não como porco.** ['nau 'komu 'porku]
Él /Ella/ no come carne.	**Ele /ela/ não come porco.** ['ɛle /'ɛla/ 'nau 'kɔmɛ 'porku]
Soy alérgico a …	**Sou alérgico /alérgica/ a …** [so al'ɛrʒiku /al'ɛrʒika/ a …]

¿Me puede traer ..., por favor?	**Por favor, pode trazer-me ...?** [pur fav'or, 'pɔdɛ traz'ermɛ ...?]
sal | pimienta | azúcar	**sal | pimenta | açúcar** [sal | pim'ẽta | as'ukar]
café | té | postre	**café | chá | sobremesa** [kaf'ɛ | ʃa | sobrɛm'eza]
agua | con gas | sin gas	**água | com gás | sem gás** ['agua | kõ gaʃ | sɛj gaʃ]
una cuchara | un tenedor | un cuchillo	**uma colher | um garfo | uma faca** ['uma kuʎ'ɛr | ũ 'garfu | uma 'faka]
un plato | una servilleta	**um prato | um guardanapo** [ũ pr'atu | ũ guardan'apu]

¡Buen provecho!	**Bom apetite!** [bõ apɛt'itɛ!]
Uno más, por favor.	**Mais um, por favor.** ['maiʃ ũ, pur fav'or]
Estaba delicioso.	**Estava delicioso.** [ɛʃt'ava dɛlisj'ozu]

la cuenta | el cambio | la propina	**conta | troco | gorjeta** ['kõta | tr'oku | gurʒ'eta]
La cuenta, por favor.	**A conta, por favor.** [a 'kõta, pur fav'or]
¿Puedo pagar con tarjeta?	**Posso pagar com cartão de crédito?** ['pɔsu pag'ar kõ kart'au dɛ kr'ɛditu?]
Perdone, aquí hay un error.	**Desculpe, mas tem um erro aqui.** [dɛʃk'ulpɛ, maʃ tɛj ũ 'eru ak'i]

De Compras

¿Puedo ayudarle?	**Posso ajudá-lo /ajudá-la/?** ['pɔsu aʒud'alu /aʒud'ala/?]
¿Tiene ...?	**Tem ...?** [tɛj ...?]
Busco ...	**Estou à procura de ...** [ʃto a prɔk'ura dɛ ...]
Necesito ...	**Preciso de ...** [prɛs'izu dɛ ...]
Sólo estoy mirando.	**Estou só a ver.** [ʃto sɔ a ver]
Sólo estamos mirando.	**Estamos só a ver.** [ɛʃt'amuʃ sɔ a ver]
Volveré más tarde.	**Volto mais tarde.** ['vɔltu 'maiʃ 'tardɛ]
Volveremos más tarde.	**Voltamos mais tarde.** [vɔlt'amuʃ 'maiʃ 'tardɛ]
descuentos | oferta	**descontos | saldos** [dɛʃk'õtuʃ | 'salduʃ]
Por favor, enséñeme ...	**Mostre-me, por favor ...** ['mɔʃtrɛmɛ, pur fav'or ...]
¿Me puede dar ..., por favor?	**Dê-me, por favor ...** ['demɛ, pur fav'or ...]
¿Puedo probarmelo?	**Posso experimentar?** ['pɔsu ɛʃpɛrimẽt'ar?]
Perdone, ¿dónde están los probadores?	**Desculpe, onde fica a cabine de prova?** [dɛʃk'ulpɛ, 'õdɛ 'fika a kab'inɛ dɛ pr'ɔva?]
¿Qué color le gustaría?	**Que cor prefere?** [kɛ kor prɛf'ɛrɛ?]
la talla | el largo	**tamanho | comprimento** [tam'aɲu | kõprim'ẽtu]
¿Cómo le queda? (¿Está bien?)	**Como lhe fica?** ['komu ʎɛ 'fika?]
¿Cuánto cuesta esto?	**Quanto é que isto custa?** [ku'ãtu ɛ kɛ 'iʃtu 'kuʃta?]
Es muy caro.	**É muito caro.** [ɛ 'muitu 'karu]
Me lo llevo.	**Eu fico com ele.** ['eu 'fiku kõ 'ɛle]

Perdone, ¿dónde está la caja?	**Desculpe, onde fica a caixa?** [dɛʃk'ulpɛ, 'õdɛ 'fika a 'kajʃa?]
¿Pagará en efectivo o con tarjeta?	**Vai pagar a dinheiro ou com cartão de crédito?** [vaj pag'ar a diɲ'ɛjru o kõ kart'au dɛ kr'ɛditu?]
en efectivo | con tarjeta	**A dinheiro | com cartão de crédito** [a diɲ'ɛjru | kõ kart'au dɛ kr'ɛditu]

¿Quiere el recibo?	**Pretende fatura?** [prɛt'ẽdɛ fat'ura?]
Sí, por favor.	**Sim, por favor.** [sĩ, pur fav'or]
No, gracias.	**Não. Está bem!** ['nau. ɛʃt'a bɛj]
Gracias. ¡Que tenga un buen día!	**Obrigado /Obrigada/. Tenha um bom dia!** [ɔbrig'adu /ɔbrig'ada/. 'taɲa ũ bõ 'dia!]

En la ciudad

Perdone, por favor.	**Desculpe, por favor ...** [dɛʃk'ulpɛ, pur fav'or ...]
Busco ...	**Estou à procura ...** [ʃto a prɔk'ura ...]
el metro	**do metro** [du 'mɛtru]
mi hotel	**do meu hotel** [du 'meu ɔt'ɛl]
el cine	**do cinema** [du sin'ema]
una parada de taxis	**da praça de táxis** [da pr'asa dɛ 'taksiʃ]
un cajero automático	**do multibanco** [du multib'ãku]
una oficina de cambio	**de uma casa de câmbio** [dɛ 'uma 'kaza dɛ 'kãbiu]
un cibercafé	**de um café internet** [dɛ ũ kafɛ ̃itɛrn'ɛtɛ]
la calle ...	**da rua ...** [da 'rua ...]
este lugar	**deste lugar** ['deʃtɛ lug'ar]
¿Sabe usted dónde está ...?	**Sabe dizer-me onde fica ...?** ['sabɛ diz'ermɛ 'õdɛ 'fika ...?]
¿Cómo se llama esta calle?	**Como se chama esta rua?** ['komu sɛ ʃ'ama 'ɛʃta 'rua?]
Muestreme dónde estamos ahora.	**Mostre-me onde estamos de momento.** ['mɔʃtrɛmɛ 'õdɛ ɛʃt'amuʃ dɛ mum'ẽtu]
¿Puedo llegar a pie?	**Posso ir até lá a pé?** ['pɔsu ir atɛ la a pɛ?]
¿Tiene un mapa de la ciudad?	**Tem algum mapa da cidade?** [tɛj alg'ũ 'mapa da sid'adɛ?]
¿Cuánto cuesta la entrada?	**Quanto custa a entrada?** [ku'ãtu 'kuʃta a ẽtr'ada?]
¿Se pueden hacer fotos aquí?	**Pode-se fotografar aqui?** ['pɔdɛsɛ futugraf'ar ak'i?]
¿Está abierto?	**Estão abertos?** [ɛʃt'au ab'ɛrtuʃ?]

¿A qué hora abren? **A que horas abrem?**
[a kɛ 'ɔraʃ 'abrɛj?]

¿A qué hora cierran? **A que horas fecham?**
[a kɛ 'ɔraʃ 'faʃau?]

Dinero

dinero	**dinheiro** [diɲ'ɛjru]
efectivo	**a dinheiro** [a diɲ'ɛjru]
billetes	**dinheiro de papel** [diɲ'ɛjru dɛ pap'ɛl]
monedas	**troco** [tr'oku]
la cuenta | el cambio | la propina	**conta | troco | gorjeta** ['kõta | tr'oku | gurʒ'eta]
la tarjeta de crédito	**cartão de crédito** [kart'au dɛ kr'ɛditu]
la cartera	**carteira** [kart'ɛjra]
comprar	**comprar** [kõpr'ar]
pagar	**pagar** [pag'ar]
la multa	**multa** ['multa]
gratis	**gratuito** [grat'uitu]
¿Dónde puedo comprar ...?	**Onde é que posso comprar ...?** ['õdɛ ɛ kɛ 'pɔsu kõpr'ar ...?]
¿Está el banco abierto ahora?	**O banco está aberto agora?** [u 'bãku ɛʃt'a ab'ɛrtu ag'ɔra?]
¿A qué hora abre?	**Quando abre?** [ku'ãdu 'abrɛ?]
¿A qué hora cierra?	**Quando fecha?** [ku'ãdu 'faʃa?]
¿Cuánto cuesta?	**Quanto?** [ku'ãtu?]
¿Cuánto cuesta esto?	**Quanto custa isto?** [ku'ãtu 'kuʃta 'iʃtu?]
Es muy caro.	**É muito caro.** [ɛ 'muitu 'karu]
Perdone, ¿dónde está la caja?	**Desculpe, onde fica a caixa?** [dɛʃk'ulpɛ, 'õdɛ 'fika a 'kajʃa?]
La cuenta, por favor.	**A conta, por favor.** [a 'kõta, pur fav'or]

¿Puedo pagar con tarjeta?	**Posso pagar com cartão de crédito?** ['pɔsu pag'ar kõ kart'au dɛ kr'ɛditu?]
¿Hay un cajero por aquí?	**Há algum Multibanco aqui?** ['a alg'ũ multib'ãku ak'i?]
Busco un cajero automático.	**Estou à procura de um Multibanco.** [ʃto a prɔk'ura dɛ ũ multib'ãku]

Busco una oficina de cambio.	**Estou à procura de uma casa de câmbio.** [ʃto a prɔk'ura dɛ 'uma 'kaza dɛ 'kãbiu]
Quisiera cambiar ...	**Eu gostaria de trocar ...** ['eu guʃtar'ia dɛ truk'ar ...]
¿Cuál es el tipo de cambio?	**Qual a taxa de câmbio?** [ku'al a 'taʃa dɛ 'kãbiu?]
¿Necesita mi pasaporte?	**Precisa do meu passaporte?** [prɛs'iza du 'meu pasap'ɔrtɛ?]

Tiempo

¿Qué hora es?	**Que horas são?** [kɛ 'ɔraʃ 'sau?]
¿Cuándo?	**Quando?** [ku'ãdu?]
¿A qué hora?	**A que horas?** [a kɛ 'ɔraʃ?]
ahora | luego | después de ...	**agora | mais tarde | depois ...** [ag'ɔra | 'maiʃ 'tardɛ | dɛp'ojʃ ...]
la una	**uma em ponto** ['uma ɛj 'põtu]
la una y cuarto	**uma e quinze** ['uma i 'kĩzɛ]
la una y medio	**uma e trinta** ['uma i trĩta]
las dos menos cuarto	**uma e quarenta e cinco** ['uma i kuar'ẽta i 'sĩku]
una | dos | tres	**um | dois | três** [ũ | 'dojʃ | treʃ]
cuatro | cinco | seis	**quatro | cinco | seis** [ku'atru | 'sĩku | 'sɛiʃ]
siete | ocho | nueve	**sete | oito | nove** ['sɛtɛ | 'ojtu | 'nɔvɛ]
diez | once | doce	**dez | onze | doze** [dɛʃ | 'õzɛ | 'dozɛ]
en ...	**dentro de ...** ['dẽtru dɛ ...]
cinco minutos	**5 minutos** ['sĩku min'utuʃ]
diez minutos	**10 minutos** [dɛʃ min'utuʃ]
quince minutos	**15 minutos** ['kĩzɛ min'utuʃ]
veinte minutos	**20 minutos** ['vĩtɛ min'utuʃ]
media hora	**meia hora** ['mɛja 'ɔra]
una hora	**uma hora** ['uma 'ɔra]
por la mañana	**de manhã** [dɛ maɲ'ã]

por la mañana temprano	**de manhã cedo** [dɛ maɲ'ã 'sedu]
esta mañana	**esta manhã** ['ɛʃta maɲ'ã]
mañana por la mañana	**amanhã de manhã** [amaɲ'ã dɛ maɲ'ã]

al mediodía	**ao meio-dia** ['au mɛjud'ia]
por la tarde	**à tarde** [a 'tardɛ]
por la noche	**à noite** [a 'nojtɛ]
esta noche	**esta noite** ['ɛʃta 'nojtɛ]

por la noche	**à noite** [a 'nojtɛ]
ayer	**ontem** ['õtɛj uʃ]
hoy	**hoje** ['oʒɛ]
mañana	**amanhã** [amaɲ'ã]
pasado mañana	**depois de amanhã** [dɛp'ojʃ dɛ amaɲ'ã]

¿Qué día es hoy?	**Que dia é hoje?** [kɛ 'dia ɛ 'oʒɛ?]
Es ...	**Hoje é ...** ['oʒɛ ɛ ...]
lunes	**segunda-feira** [sɛ'gũda 'fɛjra]
martes	**terça-feira** [tersa 'fɛjra]
miércoles	**quarta-feira** [kuarta 'fɛjra]

jueves	**quinta-feira** [kĩta 'fɛjra]
viernes	**sexta-feira** [saʃta 'fɛjra]
sábado	**sábado** ['sabadu]
domingo	**domingo** [dum'igu]

Saludos. Presentaciones.

Hola.	**Olá!** [ɔl'a!]
Encantado /Encantada/ de conocerle.	**Prazer em conhecê-lo /conhecê-la/.** [praz'er ɛj kuɲɛs'elu /kuɲɛs'ela/]
Yo también.	**O prazer é todo meu.** [u praz'er ɛ 'todu 'meu]
Le presento a ...	**Apresento-lhe ...** [aprɛz'ẽtuʎɛ ...]
Encantado.	**Muito prazer.** ['muitu praz'er]
¿Cómo está?	**Como está?** ['komu ɛʃt'a?]
Me llamo ...	**Chamo-me ...** ['ʃamumɛ ...]
Se llama ...	**Ele chama-se ...** ['ɛle ʃamasɛ ...]
Se llama ...	**Ela chama-se ...** ['ɛla ʃamasɛ ...]
¿Cómo se llama (usted)?	**Como é que o senhor /a senhora/ se chama?** ['komu ɛ kɛ u sɛɲ'or /a sɛɲ'ora/ sɛ ʃama?]
¿Cómo se llama (él)?	**Como é que ela se chama?** ['komu ɛ kɛ 'ɛla sɛ ʃama?]
¿Cómo se llama (ella)?	**Como é que ela se chama?** ['komu ɛ kɛ 'ɛla sɛ ʃama?]
¿Cuál es su apellido?	**Qual o seu apelido?** [ku'al u 'seu apɛl'idu?]
Puede llamarme ...	**Pode chamar-me ...** ['pɔdɛ ʃam'armɛ ...]
¿De dónde es usted?	**De onde é?** [dɛ 'õdɛ ɛ?]
Yo soy de	**Sou de ...** [so dɛ ...]
¿A qué se dedica?	**O que faz na vida?** [u kɛ faʃ na 'vida?]
¿Quién es?	**Quem é este?** [kɛj ɛ 'eʃtɛ?]
¿Quién es él?	**Quem é ele?** [kɛj ɛ 'ɛle?]

¿Quién es ella?	**Quem é ela?** [kɛj ɛ 'ɛla?]
¿Quiénes son?	**Quem são eles?** [kɛj 'sau 'ɛleʃ?]

Este es ...	**Este é ...** ['eʃtɛ ɛ ...]
mi amigo	**o meu amigo** [u 'meu am'igu]
mi amiga	**a minha amiga** [a 'miɲa am'iga]
mi marido	**o meu marido** [u 'meu mar'idu]
mi mujer	**a minha mulher** [a 'miɲa muʎ'ɛr]

mi padre	**o meu pai** [u 'meu 'paj]
mi madre	**a minha mãe** [a 'miɲa mɛj]
mi hermano	**o meu irmão** [u 'meu irm'au]
mi hermana	**a minha irmã** [a 'miɲa irm'ã]
mi hijo	**o meu filho** [u 'meu 'fiʎu]
mi hija	**a minha filha** [a 'miɲa 'fiʎa]

Este es nuestro hijo.	**Este é o nosso filho.** ['eʃtɛ ɛ u 'nɔsu 'fiʎu]
Esta es nuestra hija.	**Este é a nossa filha.** ['eʃtɛ ɛ a 'nɔsa 'fiʎa]
Estos son mis hijos.	**Estes são os meus filhos.** ['eʃtɛʃ 'sau uʃ 'meuʃ 'fiʎuʃ]
Estos son nuestros hijos.	**Estes são os nossos filhos.** ['eʃtɛʃ 'sau uʃ 'nɔsuʃ 'fiʎuʃ]

Despedidas

¡Adiós! — **Adeus!** [ad'ɛuʃ!]

¡Chau! — **Tchau!** [tʃ'au!]

Hasta mañana. — **Até amanhã.** [at'ɛ amaɲ'ã]

Hasta pronto. — **Até breve.** [at'ɛ br'ɛvɛ]

Te veo a las siete. — **Até às sete.** [at'ɛ aʃ 'sɛtɛ]

¡Que se diviertan! — **Diverte-te!** [div'ɛrtɛtɛ!]

Hablamos más tarde. — **Falamos mais tarde.** [fal'amuʃ 'maiʃ 'tardɛ]

Que tengas un buen fin de semana. — **Bom fim de semana.** [bõ fi dɛ sɛm'ana]

Buenas noches. — **Boa noite.** ['boa 'nojtɛ]

Es hora de irme. — **Está na hora.** [ɛʃt'a na 'ɔra]

Tengo que irme. — **Preciso de ir embora.** [prɛs'izu dɛ ir ẽb'ɔra]

Ahora vuelvo. — **Volto já.** ['vɔltu ʒa]

Es tarde. — **Já é tarde.** [ʒa ɛ 'tardɛ]

Tengo que levantarme temprano. — **Tenho de me levantar cedo.** ['tɛɲu dɛ mɛ lɛvãt'ar 'sedu]

Me voy mañana. — **Vou-me embora amanhã.** ['vomɛ ẽb'ɔra amaɲ'ã]

Nos vamos mañana. — **Vamos embora amanhã.** ['vamuʃ ẽb'ɔra amaɲ'ã]

¡Que tenga un buen viaje! — **Boa viagem!** ['boa vj'aʒɛj!]

Ha sido un placer. — **Tive muito prazer em conhecer-vos.** ['tivɛ 'muitu praz'er ɛj kuɲɛs'ervuʃ]

Fue un placer hablar con usted. — **Foi muito agradável falar consigo.** [foj 'muitu agrad'avɛl fal'ar kõs'igu]

Gracias por todo. — **Obrigado /Obrigada/ por tudo.** [ɔbrig'adu /ɔbrig'ada/ pur 'tudu]

Lo he pasado muy bien.	**Passei um tempo muito agradável.** [pas'ɛj ũ 'tẽpu 'muitu agrad'avɛl]
Lo pasamos muy bien.	**Passámos um tempo muito agradável.** [pas'amuʃ ũ 'tẽpu 'muitu agrad'avɛl]
Fue genial.	**Foi mesmo fantástico.** [foj 'meʒmu fãt'aʃtiku]
Le voy a echar de menos.	**Vou ter saudades suas.** [vo ter saud'adɛʃ 'suaʃ]
Le vamos a echar de menos.	**Vamos ter saudades suas.** ['vamuʃ ter saud'adɛʃ 'suaʃ]

¡Suerte!	**Boa sorte!** ['boa 'sɔrtɛ!]
Saludos a ...	**Dê cumprimentos a ...** [de kũprim'ẽtuʃ a ...]

Idioma extranjero

No entiendo.	**Eu não entendo.** ['eu 'nau ẽt'ẽdu]
Escríbalo, por favor.	**Escreva isso, por favor.** [ɛʃkr'eva 'isu, pur fav'or]
¿Habla usted ...?	**O senhor /a senhora/ fala ...?** [u sɛɲ'or /a sɛɲ'ora/ 'fala ...?]
Hablo un poco de ...	**Eu falo um pouco de ...** ['eu 'falu ũ 'poku dɛ ...]
inglés	**Inglês** [ĩgl'eʃ]
turco	**Turco** ['turku]
árabe	**Árabe** ['arabɛ]
francés	**Francês** [frãs'eʃ]
alemán	**Alemão** [alɛm'au]
italiano	**Italiano** [italj'anu]
español	**Espanhol** [ɛʃpaɲ'ɔl]
portugués	**Português** [purtug'eʃ]
chino	**Chinês** [ʃin'eʃ]
japonés	**Japonês** [ʒapun'eʃ]
¿Puede repetirlo, por favor?	**Pode repetir isso, por favor.** ['pɔdɛ rɛpɛt'ir 'isu, pur fav'or]
Lo entiendo.	**Compreendo.** [kõprj'ẽdu]
No entiendo.	**Eu não entendo.** ['eu 'nau ẽt'ẽdu]
Hable más despacio, por favor.	**Por favor fale mais devagar.** [pur fav'or 'falɛ 'maiʃ dɛvag'ar]
¿Está bien?	**Isso está certo?** ['isu ɛʃt'a 'sɛrtu?]
¿Qué es esto? (¿Que significa esto?)	**O que é isto?** [u kɛ ɛ 'iʃtu?]

Disculpas

Perdone, por favor.	**Desculpe-me, por favor.** [dɛʃk'ulpɛmɛ, pur fav'or]
Lo siento.	**Lamento.** [lam'ẽtu]
Lo siento mucho.	**Tenho muita pena.** ['tɛɲu 'muita 'pena]
Perdón, fue culpa mía.	**Desculpe, a culpa é minha.** [dɛʃk'ulpɛ, a 'kulpa ɛ 'miɲa]
Culpa mía.	**O erro foi meu.** [u 'eru foj 'meu]

¿Puedo ...?	**Posso ...?** ['pɔsu ...?]
¿Le molesta si ...?	**O senhor /a senhora/ não se importa se eu ...?** [u sɛɲ'or /a sɛɲ'ora/ 'nau sɛ ĩp'ɔrta sɛ 'eu ...?]
¡No hay problema! (No pasa nada.)	**Não faz mal.** ['nau faʃ mal]
Todo está bien.	**Está tudo em ordem.** [ɛʃt'a 'tudu ɛj 'ɔrdɛj]
No se preocupe.	**Não se preocupe.** ['nau sɛ priɔk'upɛ]

Acuerdos

Sí.	**Sim.** [sĩ]
Sí, claro.	**Sim, claro.** [sĩ, kl'aru]
Bien.	**Está bem!** [ɛʃt'a bɛj!]
Muy bien.	**Muito bem.** ['muitu bɛj]
¡Claro que sí!	**Claro!** [kl'aru!]
Estoy de acuerdo.	**Concordo.** [kõk'ɔrdu]
Es verdad.	**Certo.** ['sɛrtu]
Es correcto.	**Correto.** [kur'ɛtu]
Tiene razón.	**Tem razão.** [tɛj raz'au]
No me molesta.	**Eu não me oponho.** ['eu 'nau mɛ ɔp'oɲu]
Es completamente cierto.	**Absolutamente certo.** [absulutam'ẽtɛ 'sɛrtu]
Es posible.	**É possível.** [ɛ pus'ivɛl]
Es una buena idea.	**É uma boa ideia.** [ɛ 'uma 'boa id'ɛja]
No puedo decir que no.	**Não posso recusar.** ['nau 'pɔsu rɛkuz'ar]
Estaré encantado /encantada/.	**Terei muito gosto.** [tɛr'ɛj 'muitu 'goʃtu]
Será un placer.	**Com prazer.** [kõ praz'er]

Rechazo. Expresar duda

No.	**Não.** ['nau]
Claro que no.	**Claro que não.** [kl'aru kɛ 'nau]
No estoy de acuerdo.	**Não concordo.** ['nau kõk'ɔrdu]
No lo creo.	**Não creio.** ['nau kr'ɛju]
No es verdad.	**Isso não é verdade.** ['isu 'nau ɛ vɛrd'adɛ]
No tiene razón.	**O senhor /a senhora/ não tem razão.** [u sɛɲ'or /a sɛɲ'ora/ 'nau tɛj raz'au]
Creo que no tiene razón.	**Acho que o senhor /a senhora/ não tem razão.** ['aʃu kɛ u sɛɲ'or /a sɛɲ'ora/ 'nau tɛj raz'au]
No estoy seguro /segura/.	**Não tenho a certeza.** ['nau 'tɛɲu a sɛrt'eza]
No es posible.	**É impossível.** [ɛ ̃ipus'ivɛl]
¡Nada de eso!	**De modo algum!** [dɛ 'mɔdu alg'ũ!]
Justo lo contrario.	**Exatamente o contrário.** [ezatam'ẽtɛ u kõtr'ariu]
Estoy en contra de ello.	**Sou contra.** [so 'kõtra]
No me importa. (Me da igual.)	**Não me importo.** ['nau mɛ ̃ip'ɔrtu]
No tengo ni idea.	**Não faço ideia.** ['nau 'fasu id'ɛja]
Dudo que sea así.	**Não creio.** ['nau kr'ɛju]
Lo siento, no puedo.	**Desculpe, mas não posso.** [dɛʃk'ulpɛ, maʃ 'nau 'pɔsu]
Lo siento, no quiero.	**Desculpe, mas não quero.** [dɛʃk'ulpɛ, maʃ 'nau 'kɛru]
Gracias, pero no lo necesito.	**Desculpe, não quero isso.** [dɛʃk'ulpɛ, 'nau 'kɛru 'isu]

Ya es tarde. **Já é muito tarde.**
[ʒa ɛ 'muitu 'tardɛ]

Tengo que levantarme temprano. **Tenho de me levantar cedo.**
['tɛɲu dɛ mɛ lɛvãt'ar 'sedu]

Me encuentro mal. **Não me sinto bem.**
['nau mɛ 'sĩtu bɛj]

Expresar gratitud

Gracias.	**Obrigado /Obrigada/.** [ɔbrig'adu /ɔbrig'ada/]
Muchas gracias.	**Muito obrigado /obrigada/.** ['muitu ɔbrig'adu /ɔbrig'ada/]
De verdad lo aprecio.	**Fico muito grato /grata/.** [f'iku 'muitu gr'atu /gr'ata/]
Se lo agradezco.	**Estou-lhe muito reconhecido.** [ʃtoʎɛ 'muitu rɛkuɲɛs'idu]
Se lo agradecemos.	**Estamos-lhe muito reconhecidos.** [ɛʃt'amuʒʎɛ 'muitu rɛkuɲɛs'iduʃ]
Gracias por su tiempo.	**Obrigado /Obrigada/ pelo seu tempo.** [ɔbrig'adu /ɔbrig'ada/ 'pelu 'seu 'tẽpu]
Gracias por todo.	**Obrigado /Obrigada/ por tudo.** [ɔbrig'adu /ɔbrig'ada/ pur 'tudu]
Gracias por ...	**Obrigado /Obrigada/ ...** [ɔbrig'adu /ɔbrig'ada/ ...]
su ayuda	**... pela sua ajuda** [... 'pela 'sua aʒ'uda]
tan agradable momento	**... por este tempo bem passado** [... 'pur 'eʃtɛ 'tẽpu bɛj pas'adu]
una comida estupenda	**... pela comida deliciosa** [... 'pela kum'ida dɛlisj'ɔza]
una velada tan agradable	**... por esta noite agradável** [... pur 'ɛʃta 'nojtɛ agrad'avɛl]
un día maravilloso	**... pelo dia maravilhoso** [... 'pelu 'dia maraviʎ'ozu]
un viaje increíble	**... pela jornada fantástica** [... 'pela ʒurn'ada fãt'aʃtika]
No hay de qué.	**Não tem de quê.** ['nau tɛj dɛ ke]
De nada.	**Não precisa agradecer.** ['nau prɛs'iza agradɛs'er]
Siempre a su disposición.	**Disponha sempre.** [diʃp'oɲa 'sẽprɛ]
Encantado /Encantada/ de ayudarle.	**Foi um prazer ajudar.** ['foj ũ praz'er aʒud'ar]
No hay de qué.	**Esqueça isso.** [ɛʃk'esa 'isu]
No tiene importancia.	**Não se preocupe.** ['nau sɛ priɔk'upɛ]

Felicitaciones , Mejores Deseos

¡Felicidades!	**Parabéns!** [parab'ɛjʃ!]
¡Feliz Cumpleaños!	**Feliz aniversário!** [fɛl'iʃ anivɛrs'ariu!]
¡Feliz Navidad!	**Feliz Natal!** [fɛl'iʃ nat'al!]
¡Feliz Año Nuevo!	**Feliz Ano Novo!** [fɛl'iʃ 'anu 'novu!]

¡Felices Pascuas!	**Feliz Páscoa!** [fɛl'iʃ 'paʃkua!]
¡Feliz Hanukkah!	**Feliz Hanukkah!** [fɛl'iʃ an'ukka!]

Quiero brindar.	**Gostaria de fazer um brinde.** [guʃtar'ia dɛ faz'er ũ br'idɛ]
¡Salud!	**Saúde!** [sa'udɛ!]
¡Brindemos por ...!	**Bebamos a ...!** [bɛb'amuʃ a ...!]
¡A nuestro éxito!	**Ao nosso sucesso!** [au 'nɔsu sus'ɛsu!]
¡A su éxito!	**Ao vosso sucesso!** [au 'vɔsu sus'ɛsu!]

¡Suerte!	**Boa sorte!** ['boa 'sɔrtɛ!]
¡Que tenga un buen día!	**Tenha um bom dia!** ['tɛɲa ũ bõ 'dia!]
¡Que tenga unas buenas vacaciones!	**Tenha um bom feriado!** ['tɛɲa ũ bõ fɛrj'adu!]
¡Que tenga un buen viaje!	**Tenha uma viagem segura!** ['tɛɲa 'uma vj'aʒɛj sɛg'ura!]
¡Espero que se recupere pronto!	**Espero que melhore em breve!** [ɛʃp'ɛru kɛ mɛʎ'ɔrɛ ɛj br'ɛvɛ!]

Socializarse

¿Por qué está triste?	**Porque é que está chateado /chateada/?** ['purkɛ ɛ kɛ ɛʃt'a ʃatj'adu /ʃatj'ada/?]
¡Sonría! ¡Animese!	**Sorria!** [sur'ia!]
¿Está libre esta noche?	**Está livre esta noite?** [ɛʃt'a 'livrɛ 'ɛʃta 'nojtɛ?]
¿Puedo ofrecerle algo de beber?	**Posso oferecer-lhe algo para beber?** ['pɔsu ɔfɛrɛs'erʎɛ 'algu 'para bɛb'er?]
¿Querría bailar conmigo?	**Você quer dançar?** [vɔs'e kɛr dãs'ar?]
Vamos a ir al cine.	**Vamos ao cinema.** ['vamuʃ 'au sin'ema]
¿Puedo invitarle a …?	**Gostaria de a convidar para ir …** [guʃtar'ia dɛ a kõvid'ar 'para ir …]
un restaurante	**ao restaurante** ['au rɛʃtaur'ãtɛ]
el cine	**ao cinema** ['au sin'ema]
el teatro	**ao teatro** ['au te'atru]
dar una vuelta	**passear** [pase'ar]
¿A qué hora?	**A que horas?** [a kɛ 'ɔraʃ?]
esta noche	**hoje à noite** ['oʒɛ a 'nojtɛ]
a las seis	**às 6 horas** [aʃ 'sajʃ 'ɔraʃ]
a las siete	**às 7 horas** [aʃ 'sɛtɛ 'ɔraʃ]
a las ocho	**às 8 horas** [aʃ 'ojtu 'ɔraʃ]
a las nueve	**às 9 horas** [aʃ 'nɔvɛ 'ɔraʃ]
¿Le gusta este lugar?	**Gosta deste local?** ['gɔʃta 'deʃtɛ luk'al?]
¿Está aquí con alguien?	**Está com alguém?** [ɛʃt'a kõ alg'ɛj?]

Estoy con mi amigo /amiga/.	**Estou com o meu amigo.** [ʃto kõ u 'meu am'igu]
Estoy con amigos.	**Estou com os meus amigos.** [ʃto kõ uʃ 'meuʃ am'iguʃ]
No, estoy solo /sola/.	**Não, estou sozinho /sozinha/.** ['nau, ɛʃt'o sɔz'iɲu /sɔz'iɲa/]
¿Tienes novio?	**Tens namorado?** [tɛjʃ namur'adu?]
Tengo novio.	**Tenho namorado.** ['tɛɲu namur'adu]
¿Tienes novia?	**Tens namorada?** [tɛjʃ namur'ada?]
Tengo novia.	**Tenho namorada.** ['tɛɲu namur'ada]
¿Te puedo volver a ver?	**Posso voltar a ver-te?** ['pɔsu vɔlt'ar a 'vertɛ?]
¿Te puedo llamar?	**Posso ligar-te?** ['pɔsu lig'artɛ?]
Llámame.	**Liga-me.** ['ligamɛ]
¿Cuál es tu número?	**Qual é o teu número?** [ku'al ɛ u 'teu 'numɛru?]
Te echo de menos.	**Tenho saudades tuas.** ['tɛɲu saud'adɛʃ 'tuaʃ]
¡Qué nombre tan bonito!	**Tem um nome muito bonito.** [tɛj ũ 'nomɛ 'muitu bun'itu]
Te quiero.	**Amo-te.** ['amutɛ]
¿Te casarías conmigo?	**Quer casar comigo?** [kɛr kaz'ar kum'igu?]
¡Está de broma!	**Você está a brincar!** [vɔs'e ɛʃt'a a brĩk'ar!]
Sólo estoy bromeando.	**Estou só a brincar.** [ʃto sɔ a brĩk'ar]
¿En serio?	**Está a falar a sério?** [ɛʃt'a a fal'ar a 'sɛriu?]
Lo digo en serio.	**Estou a falar a sério.** [ʃto a fal'ar a 'sɛriu]
¿De verdad?	**De verdade?!** [dɛ vɛrd'adɛ?!]
¡Es increíble!	**Incrível!** [ikr'ivɛl]
No le creo.	**Não acredito.** ['nau akrɛd'itu]
No puedo.	**Não posso.** ['nau 'pɔsu]
No lo sé.	**Não sei.** ['nau sɛj]

No le entiendo. **Não entendo o que está a dizer.**
['nau ẽt'ẽdu u kɛ ɛʃt'a a diz'er]

Váyase, por favor. **Saia, por favor.**
['saja, pur fav'or]

¡Déjeme en paz! **Deixe-me em paz!**
['dajʃɛmɛ ɛj paʃ!]

Es inaguantable. **Eu não o suporto.**
['eu 'nau u sup'ɔrtu]

¡Es un asqueroso! **Você é detestável!**
[vɔs'e ɛ dɛtɛʃt'avɛl!]

¡Llamaré a la policía! **Vou chamar a polícia!**
[vo ʃam'ar a pul'isia!]

Compartir impresiones. Emociones

Me gusta.	**Gosto disto.** ['goʃtu 'diʃtu]
Muy lindo.	**É muito simpático.** [ɛ 'muitu sĩp'atiku]
¡Es genial!	**Fixe!** [f'iʃɛ!]
No está mal.	**Não é mau.** ['nau ɛ 'mau]
No me gusta.	**Não gosto disto.** ['nau 'goʃtu 'diʃtu]
No está bien.	**Isso não está certo.** ['isu 'nau ɛʃt'a 'sɛrtu]
Está mal.	**Isso é mau.** ['isu ɛ 'mau]
Está muy mal.	**Isso é muito mau.** ['isu ɛ 'muitu 'mau]
¡Qué asco!	**Isso é asqueroso.** ['isu ɛ aʃkɛr'ozu]
Estoy feliz.	**Estou feliz.** [ʃto fɛl'iʃ]
Estoy contento /contenta/.	**Estou contente.** [ʃto kõt'ẽtɛ]
Estoy enamorado /enamorada/.	**Estou apaixonado /apaixonada/.** [ʃto apajʃun'adu /apajʃun'ada/]
Estoy tranquilo.	**Estou calmo /calma/.** [ʃto 'kalmu /k'alma/]
Estoy aburrido.	**Estou aborrecido /aborrecida/.** [ʃto aburɛs'idu /aburɛs'ida/]
Estoy cansado /cansada/.	**Estou cansado /cansada/.** [ʃto kãs'adu /kãs'ada/]
Estoy triste.	**Estou triste.** [ʃto tr'iʃtɛ]
Estoy asustado.	**Estou apavorado /apavorada/.** [ʃto apavur'adu /apavur'ada/]
Estoy enfadado /enfadada/.	**Estou zangado /zangada/.** [ʃto zãg'adu /zãg'ada/]
Estoy preocupado /preocupada/.	**Estou preocupado /preocupada/.** [ʃto priɔkup'adu /priɔkup'ada/]
Estoy nervioso /nerviosa/.	**Estou nervoso /nervosa/.** [ʃto nɛrv'ozu /nɛrv'ɔza/]

Estoy celoso /celosa/.

Estou ciumento /ciumenta/.
[ʃto sium'ẽtu /sium'ẽta/]

Estoy sorprendido /sorprendida/.

Estou surpreendido /surpreendida/.
[ʃto surpriẽd'idu /surpriẽd'ida/]

Estoy perplejo /perpleja/.

Estou perplexo /perplexa/.
[ʃto pɛrpl'ɛksu /pɛrpl'ɛksa/]

Problemas, Accidentes

Tengo un problema.	**Tenho um problema.** ['tɛɲu ũ prubl'ema]
Tenemos un problema.	**Temos um problema.** ['tɛmuʃ ũ prubl'ema]
Estoy perdido /perdida/.	**Estou perdido.** [ʃto pɛrd'idu]
Perdi el último autobús (tren).	**Perdi o último autocarro (comboio).** [pɛrd'i u 'ultimu autɔk'aru (kõb'ɔju).]
No me queda más dinero.	**Não me resta nenhum dinheiro.** ['nau mɛ 'rɛʃta nɛɲ'ũ diɲ'ɛjru]

He perdido ...	**Eu perdi ...** ['eu pɛrd'i ...]
Me han robado ...	**Roubaram-me ...** [rob'araumɛ ...]
mi pasaporte	**o meu passaporte** [u 'meu pasap'ɔrtɛ]
mi cartera	**a minha carteira** [a 'miɲa kart'ɛjra]
mis papeles	**os meus papéis** ['meuʃ pap'ɛjʃ]
mi billete	**o meu bilhete** [u 'meu biʎ'etɛ]

---

mi dinero	**o dinheiro** [u diɲ'ɛjru]
mi bolso	**a minha mala** [a 'miɲa 'mala]
mi cámara	**a minha câmara** [a 'miɲa 'kamara]
mi portátil	**o meu computador** [u 'meu kõputad'or]
mi tableta	**o meu tablet** [u 'meu tabl'et]
mi teléfono	**o meu telemóvel** [u 'meu tɛlɛm'ɔvɛl]

¡Ayúdeme!	**Ajude-me!** [aʒ'udɛmɛ!]
¿Qué pasó?	**O que é que aconteceu?** [u kɛ ɛ kɛ akõtɛs'eu?]
el incendio	**fogo** [f'ogu]

un tiroteo	**tiroteio** [tirut'ɛju]
el asesinato	**assassínio** [asas'iniu]
una explosión	**explosão** [ɛʃpluz'au]
una pelea	**briga** [br'iga]

¡Llame a la policía!	**Chame a polícia!** ['ʃamɛ a pul'isia!]
¡Más rápido, por favor!	**Mais depressa, por favor!** ['maiʃ dɛpr'ɛsa, pur fav'or!]
Busco la comisaría.	**Estou à procura de uma esquadra de polícia.** [ʃto a prɔk'ura dɛ 'uma ɛʃku'adra dɛ pul'isia]
Tengo que hacer una llamada.	**Preciso de telefonar.** [prɛs'izu dɛ tɛlɛfun'ar]
¿Puedo usar su teléfono?	**Posso telefonar?** ['pɔsu tɛlɛfun'ar?]

Me han ...	**Fui ...** [fui ...]
asaltado /asaltada/	**assaltado /assaltada/** [asalt'adu /asalt'ada/]
robado /robada/	**roubado /roubada/** [rob'adu /rob'ada/]
violada	**violada** [viul'ada]
atacado /atacada/	**atacado /atacada/** [atak'adu /atak'ada/]

¿Se encuentra bien?	**Está tudo bem consigo?** [ɛʃt'a 'tudu bɛj kõs'igu?]
¿Ha visto quien a sido?	**Viu quem foi?** ['viu kɛj foj?]
¿Sería capaz de reconocer a la persona?	**Seria capaz de reconhecer a pessoa?** [sɛr'ia kap'aʃ dɛ rɛkuɲɛs'er a pɛs'oa?]
¿Está usted seguro?	**Tem a certeza?** [tɛj a sɛrt'eza?]

Por favor, cálmese.	**Acalme-se, por favor.** [ak'almɛsɛ, pur fav'or]
¡Cálmese!	**Calma!** ['kalma!]
¡No se preocupe!	**Não se preocupe.** ['nau sɛ priɔk'upɛ]
Todo irá bien.	**Vai ficar tudo bem.** [vaj fik'ar 'tudu bɛj]
Todo está bien.	**Está tudo em ordem.** [ɛʃt'a 'tudu ɛj 'ɔrdɛj]

Venga aquí, por favor.	**Chegue aqui, por favor.** ['ʃegɛ ak'I, pur fav'or]
Tengo unas preguntas para usted.	**Tenho algumas questões a colocar-lhe.** ['tɛɲu alg'umaʃ kɛʃt'õjʃ a kuluk'arʎɛ]
Espere un momento, por favor.	**Aguarde um momento, por favor.** [agu'ardɛ ũ mum'ẽtu, pur fav'or]
¿Tiene un documento de identidad?	**Tem alguma identificação?** [tɛj alg'uma idẽtifikas'au?]
Gracias. Puede irse ahora.	**Obrigado. Pode ir.** [ɔbrig'adu. 'pɔdɛ ir]
¡Manos detrás de la cabeza!	**Mãos atrás da cabeça!** ['mauʃ atr'aʃ da kab'esa!]
¡Está arrestado!	**Você está preso!** [vɔs'e ɛʃt'a pr'ezu!]

Problemas de salud

Ayudeme, por favor.	**Ajude-me, por favor.** [aʒ'udɛmɛ, pur fav'or]
No me encuentro bien.	**Não me sinto bem.** ['nau mɛ 'sĩtu bɛj]
Mi marido no se encuentra bien.	**O meu marido não se sente bem.** [u 'meu mar'idu 'nau sɛ 'sẽtɛ bɛj]
Mi hijo ...	**O meu filho ...** [u 'meu 'fiʎu ...]
Mi padre ...	**O meu pai ...** [u 'meu 'paj ...]
Mi mujer no se encuentra bien.	**A minha mulher não se sente bem.** [a 'miɲa muʎ'ɛr 'nau sɛ 'sẽtɛ bɛj]
Mi hija ...	**A minha filha ...** [a 'miɲa 'fiʎa ...]
Mi madre ...	**A minha mãe ...** [a 'miɲa 'mɛj ...]
Me duele ...	**Tenho uma ...** ['tɛɲu 'uma ...]
la cabeza	**dor de cabeça** [dor dɛ kab'esa]
la garganta	**dor de garganta** [dor dɛ garg'ãta]
el estómago	**dor de barriga** [dor dɛ bar'iga]
un diente	**dor de dentes** [dor dɛ 'dẽtɛʃ]
Estoy mareado.	**Estou com tonturas.** [ʃto kõ tõt'uraʃ]
Él tiene fiebre.	**Ele está com febre.** ['ɛle ɛʃt'a kõ 'fɛbrɛ]
Ella tiene fiebre.	**Ela está com febre.** ['ɛla ɛʃt'a kõ 'fɛbrɛ]
No puedo respirar.	**Não consigo respirar.** ['nau kõs'igu rɛʃpir'ar]
Me ahogo.	**Estou a sufocar.** [ʃto a sufuk'ar]
Tengo asma.	**Sou asmático /asmática/.** [so aʒm'atiku /aʒm'atika/]
Tengo diabetes.	**Sou diabético /diabética/.** [so diab'ɛtiku /diab'ɛtika/]

No puedo dormir.	**Estou com insónia.** [ʃto kõ'ĩs'ɔnia]
intoxicación alimentaria	**intoxicação alimentar** [ĩtɔksikas'au alimẽt'ar]

Me duele aquí.	**Dói aqui.** [dɔj ak'i]
¡Ayúdeme!	**Ajude-me!** [aʒ'udɛmɛ!]
¡Estoy aquí!	**Estou aqui!** [ʃto ak'i!]
¡Estamos aquí!	**Estamos aqui!** [ɛʃt'amuʃ ak'i!]
¡Saquenme de aquí!	**Tirem-me daqui!** ['tirɛjmɛ dak'i!]
Necesito un médico.	**Preciso de um médico.** [prɛs'izu dɛ ũ 'mɛdiku]
No me puedo mover.	**Não me consigo mexer.** ['nau mɛ kõs'igu mɛʃ'er]
No puedo mover mis piernas.	**Não consigo mover as pernas.** ['nau kõs'igu muv'er aʃ 'pɛrnaʃ]

Tengo una herida.	**Estou ferido.** [ʃto fɛr'idu]
¿Es grave?	**É grave?** [ɛ gr'avɛ?]
Mis documentos están en mi bolsillo.	**Tenho os documentos no bolso.** ['tɛɲu uʃ dukum'ẽtuʃ nu 'bolsu]
¡Cálmese!	**Acalme-se!** [ak'almɛsɛ!]
¿Puedo usar su teléfono?	**Posso telefonar?** ['pɔsu tɛlɛfun'ar?]

¡Llame a una ambulancia!	**Chame a ambulância!** ['ʃamɛ a ãbul'ãsia!]
¡Es urgente!	**É urgente!** [ɛ urʒ'ẽtɛ!]
¡Es una emergencia!	**É uma emergência!** [ɛ 'uma emɛrʒ'ẽsia!]
¡Más rápido, por favor!	**Mais depressa, por favor!** ['maiʃ dɛpr'ɛsa, pur fav'or!]
¿Puede llamar a un médico, por favor?	**Chame o médico, por favor.** ['ʃamɛ u 'mɛdiku, pur fav'or]
¿Dónde está el hospital?	**Onde fica o hospital?** ['õdɛ 'fika u ɔʃpit'al?]

¿Cómo se siente?	**Como se sente?** ['komu sɛ 'sẽtɛ?]
¿Se encuentra bien?	**Está tudo bem consigo?** [ɛʃt'a 'tudu bɛj kõs'igu?]
¿Qué pasó?	**O que é que aconteceu?** [u kɛ ɛ kɛ akõtɛs'eu?]

Me encuentro mejor.	**Já me sinto melhor.** [ʒa mɛ 'sĩtu mɛʎ'ɔr]
Está bien.	**Está tudo em ordem.** [ɛʃt'a 'tudu ɛj 'ɔrdɛj]
Todo está bien.	**Tubo bem.** ['tubu bɛj]

En la farmacia

la farmacia	**farmácia** [farm'asia]
la farmacia 24 horas	**farmácia de serviço** [farm'asia dɛ sɛrv'isu]
¿Dónde está la farmacia más cercana?	**Onde fica a farmácia mais próxima?** ['õdɛ 'fika a farm'asia 'maiʃ pr'ɔsima?]
¿Está abierta ahora?	**Está aberto agora?** [ɛʃt'a ab'ɛrtu ag'ɔra?]
¿A qué hora abre?	**A que horas abre?** [a kɛ 'ɔraʃ 'abrɛ?]
¿A qué hora cierra?	**A que horas fecha?** [a kɛ 'ɔraʃ 'faʃa?]
¿Está lejos?	**Fica longe?** [f'ika 'lõʒɛ?]
¿Puedo llegar a pie?	**Posso ir até lá a pé?** ['pɔsu ir atɛ la a pɛ?]
¿Puede mostrarme en el mapa?	**Pode-me mostrar no mapa?** ['pɔdɛmɛ muʃtr'ar nu 'mapa?]
Por favor, deme algo para ...	**Por favor dê-me algo para ...** [pur fav'or 'demɛ 'algu 'para ...]
un dolor de cabeza	**as dores de cabeça** [aʃ 'dorɛʃ dɛ kab'esa]
la tos	**a tosse** [a 'tɔsɛ]
el resfriado	**o resfriado** [u ʀeʃfri'adu]
la gripe	**a gripe** [a gr'ipɛ]
la fiebre	**a febre** [a 'fɛbrɛ]
un dolor de estomago	**uma dor de estômago** ['uma dor dɛ ɛʃt'omagu]
nauseas	**as náuseas** [aʃ 'nauziaʃ]
la diarrea	**a diarreia** [a diar'ɛja]
el estreñimiento	**a constipação** [a kõʃtipas'au]
un dolor de espalda	**as dores nas costas** [aʃ 'dorɛʃ naʃ 'kɔʃtaʃ]

un dolor de pecho	**as dores no peito** [aʃ 'dorɛʃ nu 'pɛjtu]
el flato	**a sutura** [a sut'ura]
un dolor abdominal	**as dores abdominais** [aʃ 'dorɛʃ abdumin'ajʃ]

---

la píldora	**comprimido** [kõprim'idu]
la crema	**unguento, creme** [ũgu'ẽtu, kr'ɛmɛ]
el jarabe	**xarope** [ʃar'ɔp]
el spray	**spray** [spr'aj]
las gotas	**gotas** ['gotaʃ]

Tiene que ir al hospital.	**Você precisa de ir ao hospital.** [vɔs'e prɛs'iza dɛ ir 'au ɔʃpit'al]
el seguro de salud	**seguro de saúde** [sɛg'uru dɛ sa'udɛ]
la receta	**prescrição** [prɛʃkris'au]
el repelente de insectos	**repelente de insetos** [rɛpɛl'ẽtɛ dɛ ĩs'ɛtuʃ]
la curita	**penso rápido** ['pẽsu 'rapidu]

Lo más imprescindible

Perdone, ...	**Desculpe, ...** [dɛʃk'ulpɛ, ...]
Hola.	**Olá!** [ɔl'a!]
Gracias.	**Obrigado /Obrigada/.** [ɔbrig'adu /ɔbrig'ada/]
Sí.	**Sim.** [sĩ]
No.	**Não.** ['nau]
No lo sé.	**Não sei.** ['nau sɛj]
¿Dónde? | ¿A dónde? | ¿Cuándo?	**Onde? | Para onde? | Quando?** ['õdɛ? | 'para 'õdɛ? | ku'ãdu?]
Necesito ...	**Preciso de ...** [prɛs'izu dɛ ...]
Quiero ...	**Eu queria ...** ['eu kɛr'ia ...]
¿Tiene ...?	**Tem ...?** [tɛj ...?]
¿Hay ... por aquí?	**Há aqui ...?** ['a ak'i ...?]
¿Puedo ...?	**Posso ...?** ['pɔsu ...?]
..., por favor? (petición educada)	**..., por favor** [..., pur fav'or]
Busco ...	**Estou à procura de ...** [ʃto a prɔk'ura dɛ ...]
el servicio	**casa de banho** ['kaza dɛ 'baɲu]
un cajero automático	**Multibanco** [multib'ãku]
una farmacia	**farmácia** [farm'asia]
el hospital	**hospital** [ɔʃpit'al]
la comisaría	**esquadra de polícia** [ɛʃku'adra dɛ pul'isia]
el metro	**metro** ['mɛtru]

un taxi	**táxi** ['taksi]
la estación de tren	**estação de comboio** [ɛʃtas'au dɛ kõb'ɔju]

Me llamo ...	**Chamo-me ...** ['ʃamumɛ ...]
¿Cómo se llama?	**Como se chama?** ['komu sɛ ʃ'ama?]
¿Puede ayudarme, por favor?	**Pode-me dar uma ajuda?** ['pɔdɛmɛ dar 'uma aʒ'uda?]
Tengo un problema.	**Tenho um problema.** ['tɛɲu ũ prubl'ema]
Me encuentro mal.	**Não me sinto bem.** ['nau mɛ 'sĩtu bɛj]
¡Llame a una ambulancia!	**Chame a ambulância!** ['ʃamɛ a ãbul'ãsia!]
¿Puedo llamar, por favor?	**Posso fazer uma chamada?** ['pɔsu faz'er 'uma ʃam'ada?]

Lo siento.	**Desculpe.** [dɛʃk'ulpɛ]
De nada.	**De nada.** [dɛ 'nada]

Yo	**eu** ['eu]
tú	**tu** [tu]
él	**ele** ['ɛlɛ]
ella	**ela** ['ɛla]
ellos	**eles** ['ɛleʃ]
ellas	**elas** ['ɛlaʃ]
nosotros /nosotras/	**nós** [nɔʃ]
ustedes, vosotros	**vocês** [vɔs'eʃ]
usted	**você** [vɔs'e]

ENTRADA	**ENTRADA** [ẽtr'ada]
SALIDA	**SAÍDA** [sa'ida]
FUERA DE SERVICIO	**FORA DE SERVIÇO** [f'ora dɛ sɛrv'isu]
CERRADO	**FECHADO** [fɛʃ'adu]

ABIERTO	**ABERTO** [ab'ɛrtu]
PARA SEÑORAS	**PARA SENHORAS** ['para sɛɲ'oraʃ]
PARA CABALLEROS	**PARA HOMENS** ['para 'ɔmɛjʃ]

VOCABULARIO TEMÁTICO

Esta sección contiene más de 3.000 de las palabras más importantes. El diccionario le proporcionará una ayuda inestimable mientras viaja al extranjero, porque las palabras individuales son a menudo suficientes para que le entiendan.
El diccionario incluye una transcripción adecuada de cada palabra extranjera

T&P Books Publishing

CONTENIDO DEL DICCIONARIO

CONCEPTOS BÁSICOS

T&P Books Publishing

1. Los pronombres

yo	**eu**	['eu]
tú	**tu**	[tu]
él	**ele**	['ɛlə]
ella	**ela**	['ɛlɐ]
nosotros, -as	**nós**	[nɔʃ]
vosotros, -as	**vocês**	[vɔ'seʃ]
ellos	**eles**	['ɛləʃ]
ellas	**elas**	['ɛlɐʃ]

2. Saludos. Salutaciones

¡Hola! (fam.)	**Olá!**	[ɔ'la]
¡Hola! (form.)	**Bom dia!**	[bõ 'diɐ]
¡Buenos días!	**Bom dia!**	[bõ 'diɐ]
¡Buenas tardes!	**Boa tarde!**	['boɐ 'tardə]
¡Buenas noches!	**Boa noite!**	['boɐ 'nojtə]
decir hola	**cumprimentar** (vt)	[kũprimẽ'tar]
¡Hola! (a un amigo)	**Olá!**	[ɔ'la]
saludo (m)	**saudação** (f)	[sɐudɐ'sãu]
saludar (vt)	**saudar** (vt)	[sɐu'dar]
¿Cómo estáis?	**Como vai?**	['komu 'vaj]
¿Cómo estás?	**Como vais?**	['komu 'vaɪʃ]
¿Qué hay de nuevo?	**O que há de novo?**	[ukə a də 'novu]
¡Chau! ¡Adiós!	**Até à vista!**	[ɐ'tɛ a 'viʃtɐ]
¡Hasta pronto!	**Até breve!**	[ɐ'tɛ 'brɛvə]
¡Adiós!	**Adeus!**	[ɐ'deuʃ]
despedirse (vr)	**despedir-se** (vr)	[dəʃpə'dirsə]
¡Hasta luego!	**Até logo!**	[ɐ'tɛ 'lɔgu]
¡Gracias!	**Obrigado! -a!**	[ɔbri'gadu, -ɐ]
¡Muchas gracias!	**Muito obrigado! -a!**	['mujtu ɔbri'gadu, -ɐ]
De nada	**De nada**	[də 'nadɐ]
No hay de qué	**Não tem de quê**	['nãu tẽʲ də 'ke]
De nada	**De nada**	[də 'nadɐ]
¡Disculpa!	**Desculpa!**	[də'ʃkulpɐ]
¡Disculpe!	**Desculpe!**	[də'ʃkulpə]
disculpar (vt)	**desculpar** (vt)	[dəʃkul'par]

disculparse (vr)	**desculpar-se** (vr)	[dəʃkul'parsə]
Mis disculpas	**As minhas desculpas**	[ɐʃ 'miɲɐʃ də'ʃkulpɐʃ]
¡Perdóneme!	**Desculpe!**	[də'ʃkulpə]
perdonar (vt)	**perdoar** (vt)	[pərdu'ar]
¡No pasa nada!	**Não faz mal**	['nãu faʃ 'mal]
por favor	**por favor**	[pur fɐ'vor]
¡No se le olvide!	**Não se esqueça!**	['nãu sə ə'ʃkesɐ]
¡Ciertamente!	**Certamente!**	[sɛrtɐ'mẽtə]
¡Claro que no!	**Claro que não!**	['klaru kə 'nãu]
¡De acuerdo!	**Está bem! De acordo!**	[ə'ʃta bẽʲ], [də ɐ'kordu]
¡Basta!	**Basta!**	['baʃtɐ]

3. Las preguntas

¿Quién?	**Quem?**	[kẽʲ]
¿Qué?	**Que?**	[ke]
¿Dónde?	**Onde?**	['õdə]
¿Adónde?	**Para onde?**	['pɐrɐ 'õdə]
¿De dónde?	**De onde?**	[də 'õdə]
¿Cuándo?	**Quando?**	[ku'ãdu]
¿Para qué?	**Para quê?**	['pɐrɐ ke]
¿Por qué?	**Porquê?**	[pur'ke]
¿Por qué razón?	**Para quê?**	['pɐrɐ ke]
¿Cómo?	**Como?**	['komu]
¿Qué ...? (~ color)	**Qual?**	[ku'al]
¿Cuál?	**Qual?**	[ku'al]
¿A quién?	**A quem?**	[ɐ kẽʲ]
¿De quién? (~ hablan ...)	**De quem?**	[də kẽʲ]
¿De qué?	**Do quê?**	[du ke]
¿Con quién?	**Com quem?**	[kõ kẽʲ]
¿Cuánto? (innum.)	**Quanto?**	[ku'ãtu]
¿Cuánto? (num.)	**Quantos? -as?**	[ku'ãtuʃ, -ɐʃ]
¿De quién? (~ es este ...)	**De quem?**	[də kẽʲ]

4. Las preposiciones

con ... (~ algn)	**com ...**	[kõ]
sin ... (~ azúcar)	**sem**	[sẽʲ]
a ... (p.ej. voy a México)	**a ..., para ...**	[ɐ], ['pɐrɐ]
de ... (hablar ~)	**sobre ...**	['sobrə]
antes de ...	**antes de ...**	['ãtəʃ də]
delante de ...	**diante de ...**	[di'ãtə də]
debajo	**debaixo de ...**	[də'baɪʃu də]
sobre ..., encima de ...	**sobre ..., em cima de ...**	['sobrə], [ẽ 'simɐ də]

en, sobre (~ la mesa)	**em ..., sobre ...**	[ẽ], ['sobrə]
de (origen)	**de ...**	[də]
de (fabricado de)	**de ...**	[də]
dentro de ...	**dentro de ...**	['dẽtru də]
encima de ...	**por cima de ...**	[pur 'sime də]

5. Las palabras útiles. Los adverbios. Unidad 1

¿Dónde?	**Onde?**	['õdə]
aquí (adv)	**aqui**	[ɐ'ki]
allí (adv)	**lá, ali**	[la], [ɐ'li]
en alguna parte	**em algum lugar**	[ɛn al'gũ lu'gar]
en ninguna parte	**em lugar nenhum**	[ẽ lu'gar nə'ɲũ]
junto a ...	**ao pé de ...**	['au pɛ də]
junto a la ventana	**ao pé da janela**	['au pɛ dɐ ʒɐ'nɛlɐ]
¿A dónde?	**Para onde?**	['perɐ 'õdə]
aquí (venga ~)	**para cá**	['perɐ ka]
allí (vendré ~)	**para lá**	['perɐ la]
de aquí (adv)	**daqui**	[dɐ'ki]
de allí (adv)	**de lá, dali**	[də la], [dɐ'li]
cerca (no lejos)	**perto**	['pɛrtu]
lejos (adv)	**longe**	['lõʒə]
cerca de ...	**perto de ...**	['pɛrtu də]
al lado (de ...)	**ao lado de**	[au 'ladu də]
no lejos (adv)	**perto, não fica longe**	['pɛrtu], ['nãu 'fikɐ 'lõʒə]
izquierdo (adj)	**esquerdo**	[ə'ʃkerdu]
a la izquierda (situado ~)	**à esquerda**	[a ə'ʃkerdɐ]
a la izquierda (girar ~)	**para esquerda**	['perɐ ə'ʃkerdɐ]
derecho (adj)	**direito**	[di'rɐjtu]
a la derecha (situado ~)	**à direita**	[a di'rɐjtɐ]
a la derecha (girar)	**para direita**	['perɐ di'rɐjtɐ]
delante (yo voy ~)	**adiante, à frente**	[ɐdi'ãtə], [a 'frẽtə]
delantero (adj)	**da frente**	[dɐ 'frẽtə]
adelante (movimiento)	**para a frente**	['perɐ a 'frẽtə]
detrás de ...	**atrás de ...**	[ɐ'traʃ də]
desde atrás	**por detrás**	[pur də'traʃ]
atrás (da un paso ~)	**para trás**	['perɐ 'traʃ]
centro (m), medio (m)	**meio (m), metade (f)**	['mɐju], [mə'tadə]
en medio (adv)	**no meio**	[nu 'mɐju]

de lado (adv)	**de lado**	[də 'ladu]
en todas partes	**em todo lugar**	[ãn 'todu lu'gaɾ]
alrededor (adv)	**ao redor**	['au ʀə'dɔɾ]
de dentro (adv)	**de dentro**	[də 'dẽtru]
a alguna parte	**para algum lugar**	['peɾɐ al'gũ lu'gaɾ]
todo derecho (adv)	**diretamente**	[diɾɛtɐ'mẽtə]
atrás (muévelo para ~)	**de volta**	['paɾɐ 'traʃ]
de alguna parte (adv)	**de algum lugar**	[də al'gũ lu'gaɾ]
no se sabe de dónde	**de algum lugar**	[də al'gũ lu'gaɾ]
primero (adv)	**em primeiro lugar**	[ẽ pri'mɐjru lu'gaɾ]
segundo (adv)	**em segundo lugar**	[ẽ sə'gũdu lu'gaɾ]
tercero (adv)	**em terceiro lugar**	[ẽ tər'sɐjru lu'gaɾ]
de súbito (adv)	**de súbito, de repente**	[də 'subitu], [də ʀə'pẽtə]
al principio (adv)	**no início**	[nu i'nisiu]
por primera vez	**pela primeira vez**	['pelɐ pri'mɐjrɐ 'veʒ]
mucho tiempo antes ...	**muito antes de ...**	['mujtu 'ãtəʃ də]
de nuevo (adv)	**de novo**	[də 'novu]
para siempre (adv)	**para sempre**	['peɾɐ 'sẽprə]
jamás, nunca (adv)	**nunca**	['nũkɐ]
de nuevo (adv)	**de novo**	[də 'novu]
ahora (adv)	**agora**	[ɐ'gɔɾɐ]
frecuentemente (adv)	**frequentemente**	[frəkuẽtə'mẽtə]
entonces (adv)	**então**	[ẽ'tãu]
urgentemente (adv)	**urgentemente**	[urʒẽtə'mẽtə]
usualmente (adv)	**usualmente**	[uzual'mẽtə]
a propósito, ...	**a propósito, ...**	[ɐ pru'pɔzitu]
es probable	**é possível**	[ɛ pu'sivɛl]
probablemente (adv)	**provavelmente**	[pruvavɛl'mẽtə]
tal vez	**talvez**	[ta'lveʒ]
además ...	**além disso, ...**	[a'lẽʲ 'disu]
por eso ...	**por isso ...**	[pur 'isu]
a pesar de ...	**apesar de ...**	[ɐpə'zar də]
gracias a ...	**graças a ...**	['grasɐʃ ɐ]
qué (pron)	**que**	[kə]
que (conj)	**que**	[kə]
algo (~ le ha pasado)	**algo**	[algu]
algo (~ así)	**alguma coisa**	[al'gumɐ 'kojzɐ]
nada (f)	**nada**	['nadɐ]
quien	**quem**	[kẽʲ]
alguien (viene ~)	**alguém**	[al'gẽʲ]
alguien (¿ha llamado ~?)	**alguém**	[al'gẽʲ]
nadie	**ninguém**	[nĩ'gẽʲ]
a ninguna parte	**para lugar nenhum**	['peɾɐ lu'gar nə'ɲũ]

de nadie	**de ninguém**	[də nĩ'gẽʲ]
de alguien	**de alguém**	[də al'gẽʲ]
tan, tanto (adv)	**tão**	['tãu]
también (~ habla francés)	**também**	[tã'bẽʲ]
también (p.ej. Yo ~)	**também**	[tã'bẽʲ]

6. Las palabras útiles. Los adverbios. Unidad 2

¿Por qué?	**Porquê?**	[pur'ke]
no se sabe porqué	**por alguma razão**	[pur al'gumɐ ʀɐ'zãu]
porque ...	**porque ...**	['purkə]
por cualquier razón (adv)	**por qualquer razão**	['pur kual'kɛr ʀɐ'zãw]
y (p.ej. uno y medio)	**e**	[i]
o (p.ej. té o café)	**ou**	['ou]
pero (p.ej. me gusta, ~)	**mas**	[meʃ]
para (p.ej. es para ti)	**para**	['peɾɐ]
demasiado (adv)	**demasiado, muito**	[dəmɐzi'adu], ['mujtu]
sólo, solamente (adv)	**só, somente**	[sɔ], [sɔ'mẽtə]
exactamente (adv)	**exatamente**	[ezatɐ'mẽtə]
unos ..., cerca de ... (~ 10 kg)	**cerca de ...**	['serkɐ də]
aproximadamente	**aproximadamente**	[ɐprɔsimadɐ'mẽtə]
aproximado (adj)	**aproximado**	[ɐprɔsi'madu]
casi (adv)	**quase**	[ku'azə]
resto (m)	**resto** (m)	['ʀɛʃtu]
el otro (adj)	**o outro**	[u 'otru]
otro (p.ej. el otro día)	**outro**	['otru]
cada (adj)	**cada**	['kɐdɐ]
cualquier (adj)	**qualquer**	[kua'lkɛr]
mucho (innum.)	**muito**	['mujtu]
mucho (num.)	**muitos, muitas**	['mujtuʃ], ['mujtɐʃ]
muchos (mucha gente)	**muitas pessoas**	['mujtɐʃ pə'soɐʃ]
todos	**todos**	['toduʃ]
a cambio de ...	**em troca de ...**	[ẽ 'trɔkɐ də]
en cambio (adv)	**em troca**	[ẽ 'trɔkɐ]
a mano (hecho ~)	**à mão**	[a 'mãu]
poco probable	**pouco provável**	['poku pru'vavɛl]
probablemente	**provavelmente**	[pruvavɛl'mẽtə]
a propósito (adv)	**de propósito**	[də pru'pɔzitu]
por accidente (adv)	**por acidente**	[pur ɐsi'dẽtə]
muy (adv)	**muito**	['mujtu]
por ejemplo (adv)	**por exemplo**	[pur e'zẽplu]

entre (~ nosotros)	**entre**	['ẽtrə]
entre (~ otras cosas)	**entre, no meio de ...**	['ẽtrə], [nu 'mɐju də]
tanto (~ gente)	**tanto**	['tãtu]
especialmente (adv)	**especialmente**	[əʃpəsjal'mẽtə]

NÚMEROS. MISCELÁNEA

T&P Books Publishing

7. Números cardinales. Unidad 1

cero	**zero**	['zɛɾu]
uno	**um**	[ũ]
dos	**dois**	['doɪʃ]
tres	**três**	[treʃ]
cuatro	**quatro**	[ku'atɾu]
cinco	**cinco**	['sĩku]
seis	**seis**	['sɐɪʃ]
siete	**sete**	['sɛtə]
ocho	**oito**	['ojtu]
nueve	**nove**	['nɔvə]
diez	**dez**	[dɛʒ]
once	**onze**	['õzə]
doce	**doze**	['dozə]
trece	**treze**	['trezə]
catorce	**catorze**	[kɐ'toɾzə]
quince	**quinze**	['kĩzə]
dieciséis	**dezasseis**	[dəzɐ'sɐɪʃ]
diecisiete	**dezassete**	[dəzɐ'sɛtə]
dieciocho	**dezoito**	[də'zɔjtu]
diecinueve	**dezanove**	[dəzɐ'nɔvə]
veinte	**vinte**	['vĩtə]
veintiuno	**vinte e um**	['vĩtə i 'ũ]
veintidós	**vinte e dois**	['vĩtə i 'doɪʃ]
veintitrés	**vinte e três**	['vĩtə i 'treʃ]
treinta	**trinta**	['tɾĩtɐ]
treinta y uno	**trinta e um**	['tɾĩtɐ i 'ũ]
treinta y dos	**trinta e dois**	['tɾĩtɐ i 'doɪʃ]
treinta y tres	**trinta e três**	['tɾĩtɐ i 'treʃ]
cuarenta	**quarenta**	[kuɐ'ɾẽtɐ]
cuarenta y uno	**quarenta e um**	[kuɐ'ɾẽtɐ i 'ũ]
cuarenta y dos	**quarenta e dois**	[kuɐ'ɾẽtɐ i 'doɪʃ]
cuarenta y tres	**quarenta e três**	[kuɐ'ɾẽtɐ i 'treʃ]
cincuenta	**cinquenta**	[sĩku'ẽtɐ]
cincuenta y uno	**cinquenta e um**	[sĩku'ẽtɐ i 'ũ]
cincuenta y dos	**cinquenta e dois**	[sĩku'ẽtɐ i 'doɪʃ]
cincuenta y tres	**cinquenta e três**	[sĩku'ẽtɐ i 'treʃ]
sesenta	**sessenta**	[sə'sẽtɐ]

sesenta y uno	**sessenta e um**	[sə'sẽtɐ i 'ũ]
sesenta y dos	**sessenta e dois**	[sə'sẽtɐ i 'doɪʃ]
sesenta y tres	**sessenta e três**	[sə'sẽtɐ i 'treʃ]
setenta	**setenta**	[sə'tẽtɐ]
setenta y uno	**setenta e um**	[sə'tẽtɐ i 'ũ]
setenta y dos	**setenta e dois**	[sə'tẽtɐ i 'doɪʃ]
setenta y tres	**setenta e três**	[sə'tẽtɐ i 'treʃ]
ochenta	**oitenta**	[oj'tẽtɐ]
ochenta y uno	**oitenta e um**	[oj'tẽtɐ i 'ũ]
ochenta y dos	**oitenta e dois**	[oj'tẽtɐ i 'doɪʃ]
ochenta y tres	**oitenta e três**	[oj'tẽtɐ i 'treʃ]
noventa	**noventa**	[nu'vẽtɐ]
noventa y uno	**noventa e um**	[nu'vẽtɐ i 'ũ]
noventa y dos	**noventa e dois**	[nu'vẽtɐ i 'doɪʃ]
noventa y tres	**noventa e três**	[nu'vẽtɐ i 'treʃ]

8. Números cardinales. Unidad 2

cien	**cem**	[sẽʲ]
doscientos	**duzentos**	[du'zẽtuʃ]
trescientos	**trezentos**	[trə'zẽtuʃ]
cuatrocientos	**quatrocentos**	[kuatru'sẽtuʃ]
quinientos	**quinhentos**	[ki'ɲẽtuʃ]
seiscientos	**seiscentos**	[sɐɪ'ʃsẽtuʃ]
setecientos	**setecentos**	[sɛtə'sẽtuʃ]
ochocientos	**oitocentos**	[ojtu'sẽtuʃ]
novecientos	**novecentos**	[nɔvə'sẽtuʃ]
mil	**mil**	[mil]
dos mil	**dois mil**	['doɪʃ mil]
tres mil	**três mil**	['treʃ mil]
diez mil	**dez mil**	['dɛʒ mil]
cien mil	**cem mil**	[sẽʲ mil]
millón (m)	**um milhão**	[ũ mi'ʎãu]
mil millones	**mil milhões**	[mil mi'ʎoɪʃ]

9. Números ordinales

primero (adj)	**primeiro**	[pri'mɐjru]
segundo (adj)	**segundo**	[sə'gũdu]
tercero (adj)	**terceiro**	[tər'sɐjru]
cuarto (adj)	**quarto**	[ku'artu]
quinto (adj)	**quinto**	['kĩtu]
sexto (adj)	**sexto**	['seʃtu]

séptimo (adj)	**sétimo**	['sɛtimu]
octavo (adj)	**oitavo**	[oj'tavu]
noveno (adj)	**nono**	['nonu]
décimo (adj)	**décimo**	['dɛsimu]

LOS COLORES. LAS UNIDADES DE MEDIDA

T&P Books Publishing

10. Los colores

color (m)	**cor** (f)	[kor]
matiz (m)	**matiz** (m)	[mɐ'tiʒ]
tono (m)	**tom** (m)	[tõ]
arco (m) iris	**arco-íris** (m)	['arku 'iriʃ]
blanco (adj)	**branco**	['brãku]
negro (adj)	**preto**	['pretu]
gris (adj)	**cinzento**	[sĩ'zẽtu]
verde (adj)	**verde**	['verdə]
amarillo (adj)	**amarelo**	[ɐmɐ'rɛlu]
rojo (adj)	**vermelho**	[vər'meʎu]
azul (adj)	**azul**	[ɐ'zul]
azul claro (adj)	**azul claro**	[ɐ'zul 'klaru]
rosa (adj)	**rosa**	['ʀɔzɐ]
naranja (adj)	**laranja**	[lɐ'rãʒɐ]
violeta (adj)	**violeta**	[viu'letɐ]
marrón (adj)	**castanho**	[kɐ'ʃtɐɲu]
dorado (adj)	**dourado**	[do'radu]
argentado (adj)	**prateado**	[prɐ'tjadu]
beige (adj)	**bege**	['bɛʒə]
crema (adj)	**creme**	['krɛmə]
turquesa (adj)	**turquesa**	[tur'kezɐ]
rojo cereza (adj)	**vermelho cereja**	[vər'meʎu sə'rɐʒɐ]
lila (adj)	**lilás**	[li'laʃ]
carmesí (adj)	**carmesim**	[kɐrmə'zĩ]
claro (adj)	**claro**	['klaru]
oscuro (adj)	**escuro**	[ə'ʃkuru]
vivo (adj)	**vivo**	['vivu]
de color (lápiz ~)	**de cor**	[də kor]
en colores (película ~)	**a cores**	[ɐ 'korəʃ]
blanco y negro (adj)	**preto e branco**	['pretu i 'brãku]
unicolor (adj)	**unicolor**	[uniku'lor]
multicolor (adj)	**multicor, multicolor**	[multi'kor], [multiku'lor]

11. Las unidades de medida

peso (m)	**peso** (m)	['pezu]
longitud (f)	**comprimento** (m)	[kõpri'mẽtu]

anchura (f)	**largura** (f)	[lɐr'gurɐ]
altura (f)	**altura** (f)	[al'turɐ]
profundidad (f)	**profundidade** (f)	[prufũdi'dadə]
volumen (m)	**volume** (m)	[vu'lumə]
área (f)	**área** (f)	['ariɐ]
gramo (m)	**grama** (m)	['grɐmɐ]
miligramo (m)	**miligrama** (m)	[mili'grɐmɐ]
kilogramo (m)	**quilograma** (m)	[kilu'grɐmɐ]
tonelada (f)	**tonelada** (f)	[tunə'ladɐ]
libra (f)	**libra** (f)	['librɐ]
onza (f)	**onça** (f)	['õsɐ]
metro (m)	**metro** (m)	['mɛtru]
milímetro (m)	**milímetro** (m)	[mi'limətru]
centímetro (m)	**centímetro** (m)	[sẽ'timətru]
kilómetro (m)	**quilómetro** (m)	[ki'lɔmətru]
milla (f)	**milha** (f)	['miʎɐ]
pulgada (f)	**polegada** (f)	[pulə'gadɐ]
pie (m)	**pé** (m)	[pɛ]
yarda (f)	**jarda** (f)	['ʒardɐ]
metro (m) cuadrado	**metro** (m) **quadrado**	['mɛtru kuɐ'dradu]
hectárea (f)	**hectare** (m)	[ɛ'ktarə]
litro (m)	**litro** (m)	['litru]
grado (m)	**grau** (m)	['grau]
voltio (m)	**volt** (m)	['vɔltə]
amperio (m)	**ampere** (m)	[ã'pɛrə]
caballo (m) de fuerza	**cavalo-vapor** (m)	[kɐ'valu ve'por]
cantidad (f)	**quantidade** (f)	[kuãti'dadə]
un poco de ...	**um pouco de ...**	[ũ 'poku də]
mitad (f)	**metade** (f)	[mə'tadə]
docena (f)	**dúzia** (f)	['duziɐ]
pieza (f)	**peça** (f)	['pɛsɐ]
dimensión (f)	**dimensão** (f)	[dimẽ'sãu]
escala (f) (del mapa)	**escala** (f)	[ə'ʃkalɐ]
mínimo (adj)	**mínimo**	['minimu]
el más pequeño (adj)	**menor, mais pequeno**	[mə'nɔr], ['maɪʃ pə'kenu]
medio (adj)	**médio**	['mɛdiu]
máximo (adj)	**máximo**	['masimu]
el más grande (adj)	**maior, mais grande**	[mɐ'jɔr], ['maɪʃ 'grãdə]

12. Contenedores

tarro (m) de vidrio	**boião** (m) **de vidro**	[bo'jãu də 'vidru]
lata (f)	**lata** (f)	['latɐ]

cubo (m)	**balde** (m)	['baldə]
barril (m)	**barril** (m)	[bɐ'ʀil]
palangana (f)	**bacia** (f)	[bɐ'siɐ]
tanque (m)	**tanque** (m)	['tãkə]
petaca (f) (de alcohol)	**cantil** (m) **de bolso**	[kã'til de 'bolsu]
bidón (m) de gasolina	**bidão** (m) **de gasolina**	[bi'dãu də gɐzu'linɐ]
cisterna (f)	**cisterna** (f)	[si'ʃtɛrnɐ]
taza (f) (mug de cerámica)	**caneca** (f)	[kɐ'nɛkɐ]
taza (f) (~ de café)	**chávena** (f)	['ʃavənɐ]
platillo (m)	**pires** (m)	['pirəʃ]
vaso (m) (~ de agua)	**copo** (m)	['kɔpu]
copa (f) (~ de vino)	**taça** (f) **de vinho**	['tasɐ də 'viɲu]
olla (f)	**panela, caçarola** (f)	[pɐ'nɛlɐ], [kɐsɐ'rɔlɐ]
botella (f)	**garrafa** (f)	[gɐ'ʀafɐ]
cuello (m) de botella	**gargalo** (m)	[gɐr'galu]
garrafa (f)	**garrafa** (f)	[gɐ'ʀafɐ]
jarro (m) (~ de agua)	**jarro** (m)	['ʒaʀu]
recipiente (m)	**recipiente** (m)	[ʀəsipi'ẽtə]
tarro (m)	**pote** (m)	['pɔtə]
florero (m)	**vaso** (m), **jarra** (f)	['vazu], ['ʒaʀɐ]
frasco (m) (~ de perfume)	**frasco** (m)	['fraʃku]
frasquito (m)	**frasquinho** (m)	[frɐ'ʃkiɲu]
tubo (m)	**tubo** (m)	['tubu]
saco (m) (~ de azúcar)	**saca** (f)	['sakɐ]
bolsa (f) (~ plástica)	**saco** (m)	['saku]
paquete (m) (~ de cigarrillos)	**maço** (m)	['masu]
caja (f)	**caixa** (f)	['kaɪʃɐ]
cajón (m) (~ de madera)	**caixa** (f)	['kaɪʃɐ]
cesta (f)	**cesto** (m), **cesta** (f)	['seʃtu], ['seʃtɐ]

LOS VERBOS MÁS IMPORTANTES

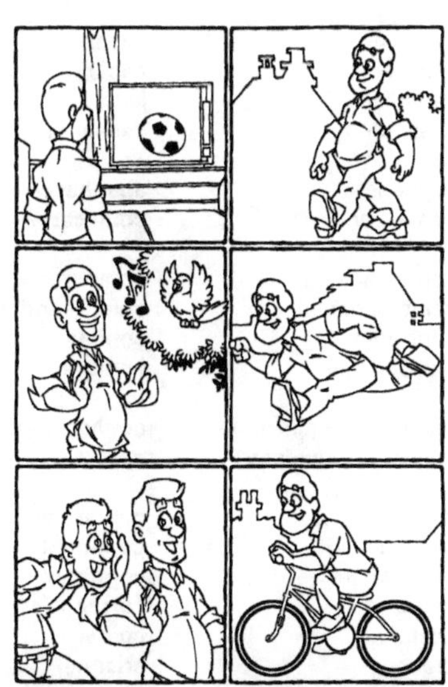

T&P Books Publishing

13. Los verbos más importantes. Unidad 1

abrir (vt)	**abrir** (vt)	[ɐ'briɾ]
acabar, terminar (vt)	**acabar, terminar** (vt)	[ɐkɐ'baɾ], [tərmi'naɾ]
aconsejar (vt)	**aconselhar** (vt)	[ɐkõsə'ʎaɾ]
adivinar (vt)	**adivinhar** (vt)	[ɐdivi'ɲaɾ]
advertir (vt)	**advertir** (vt)	[ɐdvəɾ'tiɾ]
alabarse, jactarse (vr)	**jactar-se, gabar-se** (vr)	[ʒɐ'ktarsə], [gɐ'barsə]
almorzar (vi)	**almoçar** (vi)	[almu'saɾ]
alquilar (~ una casa)	**alugar** (vt)	[ɐlu'gaɾ]
amenazar (vt)	**ameaçar** (vt)	[ɐmiɐ'saɾ]
arrepentirse (vr)	**arrepender-se** (vr)	[ɐʁipẽ'dersə]
ayudar (vt)	**ajudar** (vt)	[ɐʒu'daɾ]
bañarse (vr)	**ir nadar**	[ir nɐ'daɾ]
bromear (vi)	**brincar** (vi)	[brĩ'kaɾ]
buscar (vt)	**buscar** (vt)	[bu'ʃkaɾ]
caer (vi)	**cair** (vi)	[kɐ'iɾ]
callarse (vr)	**ficar em silêncio**	[fi'kar ẽ si'lẽsiu]
cambiar (vt)	**mudar** (vt)	[mu'daɾ]
castigar, punir (vt)	**punir** (vt)	[pu'niɾ]
cavar (vt)	**cavar** (vt)	[kɐ'vaɾ]
cazar (vi, vt)	**caçar** (vi)	[kɐ'saɾ]
cenar (vi)	**jantar** (vi)	[ʒã'taɾ]
cesar (vt)	**cessar** (vt)	[sə'saɾ]
coger (vt)	**apanhar** (vt)	[ɐpɐ'ɲaɾ]
comenzar (vt)	**começar** (vt)	[kumə'saɾ]
comparar (vt)	**comparar** (vt)	[kõpɐ'raɾ]
comprender (vt)	**compreender** (vt)	[kõpriẽ'deɾ]
confiar (vt)	**confiar** (vt)	[kõ'fjaɾ]
confundir (vt)	**confundir** (vt)	[kõfũ'diɾ]
conocer (~ a alguien)	**conhecer** (vt)	[kuɲə'ser]
contar (vt) (enumerar)	**contar** (vt)	[kõ'taɾ]
contar con ...	**contar com ...**	[kõ'tar kõ]
continuar (vt)	**continuar** (vt)	[kõtinu'aɾ]
controlar (vt)	**controlar** (vt)	[kõtru'laɾ]
correr (vi)	**correr** (vi)	[ku'ʀeɾ]
costar (vt)	**custar** (vt)	[ku'ʃtaɾ]
crear (vt)	**criar** (vt)	[kri'aɾ]

14. Los verbos más importantes. Unidad 2

dar (vt)	**dar** (vt)	[daɾ]
dar una pista	**dar uma dica**	[daɾ 'umɐ 'dikɐ]
decir (vt)	**dizer** (vt)	[di'zeɾ]
decorar (para la fiesta)	**decorar** (vt)	[dəku'ɾaɾ]
defender (vt)	**defender** (vt)	[dəfẽ'deɾ]
dejar caer	**deixar cair** (vt)	[dɐɪ'ʃaɾ kɐ'iɾ]
desayunar (vi)	**tomar o pequeno-almoço**	[tu'maɾ u pə'kenu al'mosu]
descender (vi)	**descer** (vi)	[də'ʃseɾ]
dirigir (administrar)	**dirigir** (vt)	[diɾi'ʒiɾ]
disculpar (vt)	**desculpar** (vt)	[dəʃkul'paɾ]
disculparse (vr)	**desculpar-se** (vr)	[dəʃkul'paɾsə]
discutir (vt)	**discutir** (vt)	[diʃku'tiɾ]
dudar (vt)	**duvidar** (vt)	[duvi'daɾ]
encontrar (hallar)	**encontrar** (vt)	[ẽkõ'tɾaɾ]
engañar (vi, vt)	**enganar** (vt)	[ẽgɐ'naɾ]
entrar (vi)	**entrar** (vi)	[ẽ'tɾaɾ]
enviar (vt)	**enviar** (vt)	[ẽ'vjaɾ]
equivocarse (vr)	**equivocar-se** (vi)	[ẽgɐ'naɾsə]
escoger (vt)	**escolher** (vt)	[əʃku'ʎeɾ]
esconder (vt)	**esconder** (vt)	[əʃkõ'deɾ]
escribir (vt)	**escrever** (vt)	[əʃkɾə'veɾ]
esperar (aguardar)	**esperar** (vt)	[əʃpə'ɾaɾ]
esperar (tener esperanza)	**esperar** (vt)	[əʃpə'ɾaɾ]
estar (vi)	**estar** (vi)	[ə'ʃtaɾ]
estar de acuerdo	**concordar** (vi)	[kõkuɾ'daɾ]
estudiar (vt)	**estudar** (vt)	[əʃtu'daɾ]
exigir (vt)	**exigir** (vt)	[ezi'ʒiɾ]
existir (vi)	**existir** (vi)	[ezi'ʃtiɾ]
explicar (vt)	**explicar** (vt)	[əʃpli'kaɾ]
faltar (a las clases)	**faltar a ...**	[fal'taɾ ɐ]
firmar (~ el contrato)	**assinar** (vt)	[ɐsi'naɾ]
girar (~ a la izquierda)	**virar** (vi)	[vi'ɾaɾ]
gritar (vi)	**gritar** (vi)	[gɾi'taɾ]
guardar (conservar)	**guardar** (vt)	[guɐɾ'daɾ]
gustar (vi)	**gostar** (vt)	[gu'ʃtaɾ]
hablar (vi, vt)	**falar** (vi)	[fɐ'laɾ]
hacer (vt)	**fazer** (vt)	[fɐ'zeɾ]
informar (vt)	**informar** (vt)	[ĩfuɾ'maɾ]
insistir (vi)	**insistir** (vi)	[ĩsi'ʃtiɾ]
insultar (vt)	**insultar** (vt)	[ĩsul'taɾ]
interesarse (vr)	**interessar-se** (vr)	[ĩtəɾə'saɾsə]

invitar (vt)	**convidar** (vt)	[kõvi'dar]
ir (a pie)	**ir** (vi)	[ir]
jugar (divertirse)	**brincar, jogar** (vi, vt)	[brĩ'kar], [ʒu'gar]

15. Los verbos más importantes. Unidad 3

leer (vi, vt)	**ler** (vt)	[ler]
liberar (ciudad, etc.)	**libertar** (vt)	[libər'tar]
llamar (por ayuda)	**chamar** (vt)	[ʃɐ'mar]
llegar (vi)	**chegar** (vi)	[ʃə'gar]
llorar (vi)	**chorar** (vi)	[ʃu'rar]
matar (vt)	**matar** (vt)	[mɐ'tar]
mencionar (vt)	**mencionar** (vt)	[mẽsiu'nar]
mostrar (vt)	**mostrar** (vt)	[mu'ʃtrar]
nadar (vi)	**nadar** (vi)	[nɐ'dar]
negarse (vr)	**negar-se a ...**	[ne'garse a]
objetar (vt)	**objetar** (vt)	[ɔbʒɛ'tar]
observar (vt)	**observar** (vt)	[ɔbsər'var]
oír (vt)	**ouvir** (vt)	[o'vir]
olvidar (vt)	**esquecer** (vt)	[əʃkɛ'ser]
orar (vi)	**rezar, orar** (vi)	[ʀə'zar], [ɔ'rar]
ordenar (mil.)	**ordenar** (vt)	[ɔrdə'nar]
pagar (vi, vt)	**pagar** (vt)	[pɐ'gar]
pararse (vr)	**parar** (vi)	[pɐ'rar]
participar (vi)	**participar** (vi)	[pɐrtisi'par]
pedir (ayuda, etc.)	**pedir** (vt)	[pə'dir]
pedir (en restaurante)	**pedir** (vt)	[pə'dir]
pensar (vi, vt)	**pensar** (vt)	[pẽ'sar]
percibir (ver)	**perceber** (vt)	[pərsə'ber]
perdonar (vt)	**perdoar** (vt)	[pərdu'ar]
permitir (vt)	**permitir** (vt)	[pərmi'tir]
pertenecer a ...	**pertencer a ...**	[pərtẽ'ser ɐ]
planear (vt)	**planear** (vt)	[plɐ'njar]
poder (v aux)	**poder** (vi)	[pu'der]
poseer (vt)	**possuir** (vt)	[pusu'ir]
preferir (vt)	**preferir** (vt)	[prəfə'rir]
preguntar (vt)	**perguntar** (vt)	[pərgũ'tar]
preparar (la cena)	**preparar** (vt)	[prəpɐ'rar]
prever (vt)	**prever** (vt)	[prə'ver]
probar, tentar (vt)	**tentar** (vt)	[tẽ'tar]
prometer (vt)	**prometer** (vt)	[prumə'ter]
pronunciar (vt)	**pronunciar** (vt)	[prunũ'sjar]
proponer (vt)	**propor** (vt)	[pru'por]

quebrar (vt)	**quebrar** (vt)	[kə'brar]
quejarse (vr)	**queixar-se** (vr)	[kɐɪ'ʃarsə]
querer (amar)	**amar** (vt)	[ɐ'mar]
querer (desear)	**querer** (vt)	[kə'rer]

16. Los verbos más importantes. Unidad 4

recomendar (vt)	**recomendar** (vt)	[ʀəkumẽ'dar]
regañar, reprender (vt)	**repreender** (vt)	[ʀəpriẽ'der]
reírse (vr)	**rir** (vi)	[ʀir]
repetir (vt)	**repetir** (vt)	[ʀəpə'tir]
reservar (~ una mesa)	**reservar** (vt)	[ʀəzər'var]
responder (vi, vt)	**responder** (vt)	[ʀəʃpõ'der]
robar (vt)	**roubar** (vt)	[ʀo'bar]
saber (~ algo mas)	**saber** (vt)	[sɐ'ber]
salir (vi)	**sair** (vi)	[sɐ'ir]
salvar (vt)	**salvar** (vt)	[sa'lvar]
seguir ...	**seguir ...**	[sə'gir]
sentarse (vr)	**sentar-se** (vr)	[sẽ'tarsə]
ser (vi)	**ser** (vi)	[ser]
ser necesario	**ser necessário**	[ser nəsə'sariu]
significar (vt)	**significar** (vt)	[signifi'kar]
sonreír (vi)	**sorrir** (vi)	[su'ʀir]
sorprenderse (vr)	**surpreender-se** (vr)	[surpriẽ'dersə]
subestimar (vt)	**subestimar** (vt)	[subəʃti'mar]
tener (vt)	**ter** (vt)	[ter]
tener hambre	**ter fome**	[ter 'fɔmə]
tener miedo	**ter medo**	[ter 'medu]
tener prisa	**apressar-se** (vr)	[ɐprə'sarsə]
tener sed	**ter sede**	[ter 'sedə]
tirar, disparar (vi)	**disparar, atirar** (vi)	[diʃpɐ'rar], [ɐti'rar]
tocar (con las manos)	**tocar** (vt)	[tu'kar]
tomar (vt)	**pegar** (vt)	[pə'gar]
tomar nota	**anotar** (vt)	[ɐnu'tar]
trabajar (vi)	**trabalhar** (vi)	[trɐbɐ'ʎar]
traducir (vt)	**traduzir** (vt)	[trɐdu'zir]
unir (vt)	**unir** (vt)	[u'nir]
vender (vt)	**vender** (vt)	[vẽ'der]
ver (vt)	**ver** (vt)	[ver]
volar (pájaro, avión)	**voar** (vi)	[vu'ar]

LA HORA. EL CALENDARIO

T&P Books Publishing

17. Los días de la semana

lunes (m)	**segunda-feira** (f)	[sə'gũdɐ 'fɐjrɐ]
martes (m)	**terça-feira** (f)	['tersɐ 'fɐjrɐ]
miércoles (m)	**quarta-feira** (f)	[ku'art 'fɐjrɐ]
jueves (m)	**quinta-feira** (f)	['kĩtɐ 'fɐjrɐ]
viernes (m)	**sexta-feira** (f)	['sɐʃtɐ 'fɐjrɐ]
sábado (m)	**sábado** (m)	['sabɐdu]
domingo (m)	**domingo** (m)	[du'mĩgu]
hoy (adv)	**hoje**	['oʒə]
mañana (adv)	**amanhã**	[amɐ'ɲã]
pasado mañana	**depois de amanhã**	[də'poɪʃ də amɐ'ɲã]
ayer (adv)	**ontem**	['õtẽʲ]
anteayer (adv)	**anteontem**	[ãti'õtẽʲ]
día (m)	**dia** (m)	['diɐ]
día (m) de trabajo	**dia** (m) **de trabalho**	['diɐ də trɐ'baʎu]
día (m) de fiesta	**feriado** (m)	[fə'rjadu]
día (m) de descanso	**dia** (m) **de folga**	['diɐ də 'fɔlgɐ]
fin (m) de semana	**fim** (m) **de semana**	[fĩ də sə'mɐnɐ]
todo el día	**o dia todo**	[u 'diɐ 'todu]
al día siguiente	**no dia seguinte**	[nu 'diɐ sə'gĩtə]
dos días atrás	**há dois dias**	[a 'doɪʃ 'diɐʃ]
en vísperas (adv)	**na véspera**	[nɐ 'vɛʃpərɐ]
diario (adj)	**diário**	[di'ariu]
cada día (adv)	**todos os dias**	['toduʃ uʃ 'diɐʃ]
semana (f)	**semana** (f)	[sə'mɐnɐ]
semana (f) pasada	**na semana passada**	[nɐ sə'mɐnɐ pɐ'sadɐ]
semana (f) que viene	**na próxima semana**	[nɐ 'prɔsimɐ sə'mɐnɐ]
semanal (adj)	**semanal**	[səmɐ'nal]
cada semana (adv)	**cada semana**	['kɐdɐ sə'mɐnɐ]
2 veces por semana	**duas vezes por semana**	['duɐʃ 'vezəʃ pur sə'mɐnɐ]
todos los martes	**cada terça-feira**	['kɐdɐ tersɐ 'fɐjrɐ]

18. Las horas. El día y la noche

mañana (f)	**manhã** (f)	[mɐ'ɲã]
por la mañana	**de manhã**	[də mɐ'ɲã]
mediodía (m)	**meio-dia** (m)	['mɐju 'diɐ]
por la tarde	**à tarde**	[a 'tardə]
noche (f)	**noite** (f)	['nojtə]

por la noche	**à noite**	[a 'nojtə]
noche (f) (p.ej. 2:00 a.m.)	**noite** (f)	['nojtə]
por la noche	**à noite**	[a 'nojtə]
medianoche (f)	**meia-noite** (f)	['mɐjɐ 'nojtə]
segundo (m)	**segundo** (m)	[sə'gũdu]
minuto (m)	**minuto** (m)	[mi'nutu]
hora (f)	**hora** (f)	['ɔrɐ]
media hora (f)	**meia hora** (f)	['mɐjɐ 'ɔrɐ]
cuarto (m) de hora	**quarto** (m) **de hora**	[ku'artu də 'ɔrɐ]
quince minutos	**quinze minutos**	['kĩzə mi'nutuʃ]
veinticuatro horas	**vinte e quatro horas**	['vĩtə i ku'atru 'ɔrɐʃ]
salida (f) del sol	**nascer** (m) **do sol**	[nɐ'ʃser du sɔl]
amanecer (m)	**amanhecer** (m)	[ɐmɐɲə'ser]
madrugada (f)	**madrugada** (f)	[mɐdru'gadɐ]
puesta (f) del sol	**pôr** (m) **do sol**	[por du 'sɔl]
de madrugada	**de madrugada**	[də mɐdru'gadɐ]
esta mañana	**hoje de manhã**	['oʒə də mɐ'ɲã]
mañana por la mañana	**amanhã de manhã**	[amɐ'ɲã də mɐ'ɲã]
esta tarde	**hoje à tarde**	['oʒə a 'tardə]
por la tarde	**à tarde**	[a 'tardə]
mañana por la tarde	**amanhã à tarde**	[amɐ'ɲã a 'tardə]
esta noche (p.ej. 8:00 p.m.)	**esta noite, hoje à noite**	['ɛʃtɐ 'nojtə], ['oʒə a 'nojtə]
mañana por la noche	**amanhã à noite**	[amɐ'ɲã a 'nojtə]
a las tres en punto	**às três horas em ponto**	[aʃ treʃ 'ɔrɐʃ ẽ 'põtu]
a eso de las cuatro	**por volta das quatro**	[pur 'vɔltɐ dɐʃ ku'atru]
para las doce	**às doze**	[aʃ 'dozə]
dentro de veinte minutos	**dentro de vinte minutos**	['dẽtru də 'vĩtə mi'nutuʃ]
dentro de una hora	**dentro duma hora**	['dẽtru 'dumɐ 'ɔrɐ]
a tiempo (adv)	**a tempo**	[ɐ 'tẽpu]
... menos cuarto	**... menos um quarto**	['menuʃ 'ũ ku'artu]
durante una hora	**durante uma hora**	[du'rãtə 'umɐ 'ɔrɐ]
cada quince minutos	**a cada quinze minutos**	[ɐ 'kɐdɐ 'kĩzə mi'nutuʃ]
día y noche	**as vinte e quatro horas**	[ɐʃ 'vĩtə i ku'atru 'ɔrɐʃ]

19. Los meses. Las estaciones

enero (m)	**janeiro** (m)	[ʒɐ'nɐjru]
febrero (m)	**fevereiro** (m)	[fəvə'rɐjru]
marzo (m)	**março** (m)	['marsu]
abril (m)	**abril** (m)	[ɐ'bril]
mayo (m)	**maio** (m)	['maju]

junio (m)	**junho** (m)	['ʒuɲu]
julio (m)	**julho** (m)	['ʒuʎu]
agosto (m)	**agosto** (m)	[ɐ'goʃtu]
septiembre (m)	**setembro** (m)	[sə'tẽbru]
octubre (m)	**outubro** (m)	[o'tubru]
noviembre (m)	**novembro** (m)	[nu'vẽbru]
diciembre (m)	**dezembro** (m)	[də'zẽbru]
primavera (f)	**primavera** (f)	[primɐ'vɛrɐ]
en primavera	**na primavera**	[nɐ primɐ'vɛrɐ]
de primavera (adj)	**primaveril**	[primɐvə'ril]
verano (m)	**verão** (m)	[və'rãu]
en verano	**no verão**	[nu və'rãu]
de verano (adj)	**de verão**	[də və'rãu]
otoño (m)	**outono** (m)	[o'tonu]
en otoño	**no outono**	[nu o'tonu]
de otoño (adj)	**outonal**	[otu'nal]
invierno (m)	**inverno** (m)	[ĩ'vɛrnu]
en invierno	**no inverno**	[nu ĩ'vɛrnu]
de invierno (adj)	**de inverno**	[də ĩ'vɛrnu]
mes (m)	**mês** (m)	[meʃ]
este mes	**este mês**	['eʃtə meʃ]
al mes siguiente	**no próximo mês**	[nu 'prɔsimu meʃ]
el mes pasado	**no mês passado**	[nu meʃ pɐ'sadu]
hace un mes	**há um mês**	[a ũ meʃ]
dentro de un mes	**dentro de um mês**	['dẽtru də ũ meʃ]
dentro de dos meses	**dentro de dois meses**	['dẽtru də 'doɪʃ 'mezəʃ]
todo el mes	**todo o mês**	['todu u meʃ]
todo un mes	**um mês inteiro**	[ũ meʃ ĩ'tɐjru]
mensual (adj)	**mensal**	[mẽ'sal]
mensualmente (adv)	**mensalmente**	[mẽsal'mẽtə]
cada mes	**cada mês**	['kɐdɐ meʃ]
dos veces por mes	**duas vezes por mês**	['duɐʃ 'vezəʃ pur meʃ]
año (m)	**ano** (m)	['ɐnu]
este año	**este ano**	['eʃtə 'ɐnu]
el próximo año	**no próximo ano**	[nu 'prɔsimu 'ɐnu]
el año pasado	**no ano passado**	[nu 'ɐnu pɐ'sadu]
hace un año	**há um ano**	[a ũ 'ɐnu]
dentro de un año	**dentro dum ano**	['dẽtru dũ 'ɐnu]
dentro de dos años	**dentro de dois anos**	['dẽtru də 'doɪʃ 'ɐnuʃ]
todo el año	**todo o ano**	['todu u 'ɐnu]
todo un año	**um ano inteiro**	[ũ 'ɐnu ĩ'tɐjru]
cada año	**cada ano**	['kɐdɐ 'ɐnu]
anual (adj)	**anual**	[ɐnu'al]

anualmente (adv)	**anualmente**	[ɐnual'mẽtə]
cuatro veces por año	**quatro vezes por ano**	[ku'atru 'vezəʃ pur 'ɐnu]
fecha (f) (la ~ de hoy es ...)	**data** (f)	['datɐ]
fecha (f) (~ de entrega)	**data** (f)	['datɐ]
calendario (m)	**calendário** (m)	[kɐlẽ'dariu]
medio año (m)	**meio ano**	['mɐju 'ɐnu]
seis meses	**seis meses**	['sɐɪʃ 'mezəʃ]
estación (f)	**estação** (f)	[əʃtɐ'sãu]
siglo (m)	**século** (m)	['sɛkulu]

EL VIAJE. EL HOTEL

T&P Books Publishing

20. Las vacaciones. El viaje

turismo (m)	**turismo** (m)	[tu'riʒmu]
turista (m)	**turista** (m)	[tu'riʃtɐ]
viaje (m)	**viagem** (f)	['vjaʒẽʲ]
aventura (f)	**aventura** (f)	[ɐvẽ'turɐ]
viaje (m) (p.ej. ~ en coche)	**viagem** (f)	['vjaʒẽʲ]
vacaciones (f pl)	**férias** (f pl)	['fɛriɐʃ]
estar de vacaciones	**estar de férias**	[ə'ʃtar də 'fɛriɐʃ]
descanso (m)	**descanso** (m)	[də'ʃkãsu]
tren (m)	**comboio** (m)	[kõ'bɔju]
en tren	**de comboio**	[də kõ'bɔju]
avión (m)	**avião** (m)	[ɐ'vjãu]
en avión	**de avião**	[də ɐ'vjãu]
en coche	**de carro**	[də 'kaʀu]
en barco	**de navio**	[də nɐ'viu]
equipaje (m)	**bagagem** (f)	[bɐ'gaʒẽʲ]
maleta (f)	**mala** (f)	['malɐ]
carrito (m) de equipaje	**carrinho** (m)	[kɐ'ʀiɲu]
pasaporte (m)	**passaporte** (m)	[pasɐ'pɔrtə]
visado (m)	**visto** (m)	['viʃtu]
billete (m)	**bilhete** (m)	[bi'ʎetə]
billete (m) de avión	**bilhete** (m) **de avião**	[bi'ʎetə də ɐ'vjãu]
guía (f) (libro)	**guia** (m) **de viagem**	['giɐ də vi'aʒẽʲ]
mapa (m)	**mapa** (m)	['mapɐ]
área (f) (~ rural)	**local** (m), **area** (f)	[lu'kal], [ɐ'rɛɐ]
lugar (m)	**lugar, sítio** (m)	[lu'gar], ['sitiu]
exotismo (m)	**exotismo** (m)	[ezu'tiʒmu]
exótico (adj)	**exótico**	[e'zɔtiku]
asombroso (adj)	**surpreendente**	[surpriẽ'dẽtə]
grupo (m)	**grupo** (m)	['grupu]
excursión (f)	**excursão** (f)	[əʃkur'sãu]
guía (m) (persona)	**guia** (m)	['giɐ]

21. El hotel

hotel (m)	**hotel** (m)	[ɔ'tɛl]
motel (m)	**motel** (m)	[mu'tɛl]

de tres estrellas	**três estrelas**	['treʃ ə'ʃtrelɐʃ]
de cinco estrellas	**cinco estrelas**	['sĩku ə'ʃtrelɐʃ]
hospedarse (vr)	**ficar** (vi, vt)	[fi'kar]
habitación (f)	**quarto** (m)	[ku'artu]
habitación (f) individual	**quarto** (m) **individual**	[ku'artu ĩdividu'al]
habitación (f) doble	**quarto** (m) **duplo**	[ku'artu 'duplu]
reservar una habitación	**reservar um quarto**	[ʀəzər'var ũ ku'artu]
media pensión (f)	**meia pensão** (f)	['mɐjɐ pẽ'sãu]
pensión (f) completa	**pensão** (f) **completa**	[pẽ'sãu kõ'plɛtɐ]
con baño	**com banheira**	[kõ bɐ'ɲɐjrɐ]
con ducha	**com duche**	[kõ 'duʃə]
televisión (f) satélite	**televisão** (m) **satélite**	[tələvi'zãu sɐ'tɛlitə]
climatizador (m)	**ar** (m) **condicionado**	[ar kõdisiu'nadu]
toalla (f)	**toalha** (f)	[tu'aʎɐ]
llave (f)	**chave** (f)	['ʃavə]
administrador (m)	**administrador** (m)	[ɐdminiʃtrɐ'dor]
camarera (f)	**camareira** (f)	[kɐmɐ'rɐjrɐ]
maletero (m)	**bagageiro** (m)	[bɐgɐ'ʒɐjru]
portero (m)	**porteiro** (m)	[pur'tɐjru]
restaurante (m)	**restaurante** (m)	[ʀəʃtau'rãtə]
bar (m)	**bar** (m)	[bar]
desayuno (m)	**pequeno-almoço** (m)	[pə'kenu al'mosu]
cena (f)	**jantar** (m)	[ʒã'tar]
buffet (m) libre	**buffet** (m)	[bu'fe]
vestíbulo (m)	**hall** (m) **de entrada**	[ɔl də ẽ'tradɐ]
ascensor (m)	**elevador** (m)	[eləvɐ'dor]
NO MOLESTAR	**NÃO PERTURBE**	['nãu pər'turbə]
PROHIBIDO FUMAR	**PROIBIDO FUMAR!**	[prui'bidu fu'mar]

22. El turismo. La excursión

monumento (m)	**monumento** (m)	[munu'mẽtu]
fortaleza (f)	**fortaleza** (f)	[furtɐ'lezɐ]
palacio (m)	**palácio** (m)	[pɐ'lasiu]
castillo (m)	**castelo** (m)	[kɐ'ʃtɛlu]
torre (f)	**torre** (f)	['toʀə]
mausoleo (m)	**mausoléu** (m)	[mauzu'lɛu]
arquitectura (f)	**arquitetura** (f)	[ɐrkitɛ'turɐ]
medieval (adj)	**medieval**	[mədiɛ'val]
antiguo (adj)	**antigo**	[ã'tigu]
nacional (adj)	**nacional**	[nɐsiu'nal]
conocido (adj)	**conhecido**	[kuɲə'sidu]

turista (m)	**turista** (m)	[tu'riʃtɐ]
guía (m) (persona)	**guia** (m)	['giɐ]
excursión (f)	**excursão** (f)	[əʃkur'sãu]
mostrar (vt)	**mostrar** (vt)	[mu'ʃtrar]
contar (una historia)	**contar** (vt)	[kõ'tar]
encontrar (hallar)	**encontrar** (vt)	[ẽkõ'trar]
perderse (vr)	**perder-se** (vr)	[pər'dersə]
plano (m) (~ de metro)	**mapa** (m)	['mapɐ]
mapa (m) (~ de la ciudad)	**mapa** (m)	['mapɐ]
recuerdo (m)	**lembrança** (f), **presente** (m)	[lẽ'brãsɐ], [prə'zẽtə]
tienda (f) de regalos	**loja** (f) **de presentes**	['lɔʒɐ də prə'zẽtəʃ]
hacer fotos	**fotografar** (vt)	[futugrɐ'far]
fotografiarse (vr)	**fotografar-se**	[futugrɐ'farsə]

EL TRANSPORTE

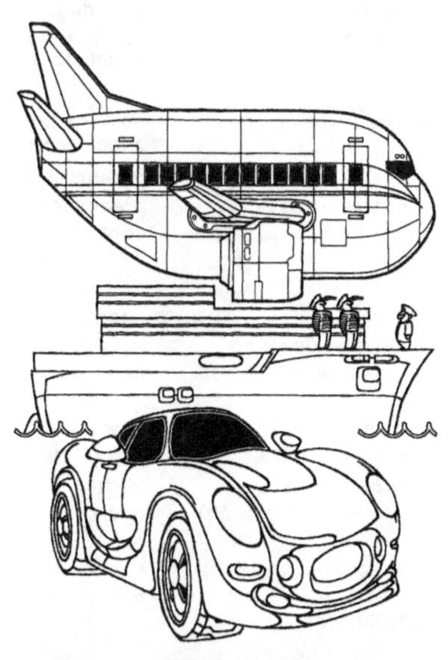

T&P Books Publishing

23. El aeropuerto

aeropuerto (m)	**aeroporto** (m)	[ɐɛrɔ'portu]
avión (m)	**avião** (m)	[ɐ'vjãu]
compañía (f) aérea	**companhia** (f) **aérea**	[kõpɐ'ɲiɐ ɐ'ɛriɐ]
controlador (m) aéreo	**controlador** (m) **de tráfego aéreo**	[kõtrulɐ'dor də 'trafəgu ɐ'ɛriu]
despegue (m)	**partida** (f)	[pɐr'tidɐ]
llegada (f)	**chegada** (f)	[ʃə'gadɐ]
llegar (en avión)	**chegar** (vi)	[ʃə'gar]
hora (f) de salida	**hora** (f) **de partida**	['ɔrɐ də pɐr'tidɐ]
hora (f) de llegada	**hora** (f) **de chegada**	['ɔrɐ də ʃə'gadɐ]
retrasarse (vr)	**estar atrasado**	[ə'ʃtar ɐtrɐ'zadu]
retraso (m) de vuelo	**atraso** (m) **de voo**	[ɐ'trazu də 'vou]
pantalla (f) de información	**painel** (m) **de informação**	[paj'nɛl də ĩfurmɐ'sãu]
información (f)	**informação** (f)	[ĩfurmɐ'sãu]
anunciar (vt)	**anunciar** (vt)	[ɐnũ'sjar]
vuelo (m)	**voo** (m)	['vou]
aduana (f)	**alfândega** (f)	[al'fãdəgɐ]
aduanero (m)	**funcionário** (m) **da alfândega**	[fũsiu'nariu dɐ al'fãdəgɐ]
declaración (f) de aduana	**declaração** (f) **alfandegária**	[dəklɐrɐ'sãu alfãdə'gariɐ]
rellenar (vt)	**preencher** (vt)	[priẽ'ʃer]
rellenar la declaración	**preencher a declaração**	[priẽ'ʃer ɐ dəklɐrɐ'sãu]
control (m) de pasaportes	**controlo** (m) **de passaportes**	[kõ'trolu də pasɐ'pɔrtəʃ]
equipaje (m)	**bagagem** (f)	[bɐ'gaʒẽʲ]
equipaje (m) de mano	**bagagem** (f) **de mão**	[bɐ'gaʒẽʲ də 'mãu]
carrito (m) de equipaje	**carrinho** (m)	[kɐ'ʀiɲu]
aterrizaje (m)	**aterragem** (f)	[ɐtə'ʀaʒẽʲ]
pista (f) de aterrizaje	**pista** (f) **de aterragem**	['piʃtɐ də ɐtə'ʀaʒẽʲ]
aterrizar (vi)	**aterrar** (vi)	[ɐtə'ʀar]
escaleras (f pl) (de avión)	**escada** (f) **de avião**	[ə'ʃkadɐ də ɐ'vjãu]
facturación (f) (check-in)	**check-in** (m)	[ʃɛ'kin]
mostrador (m) de facturación	**balcão** (m) **do check-in**	[bal'kãu du ʃɛ'kin]

hacer el check-in	**fazer o check-in**	[fe'zer u ʃɛ'kin]
tarjeta (f) de embarque	**cartão** (m) **de embarque**	[kɐr'tãu də ẽ'barkə]
puerta (f) de embarque	**porta** (f) **de embarque**	['pɔrtɐ də ẽ'barkə]
tránsito (m)	**trânsito** (m)	['trãzitu]
esperar (aguardar)	**esperar** (vi, vt)	[əʃpə'rar]
zona (f) de preembarque	**sala** (f) **de espera**	['salɐ də ə'ʃpɛrɐ]
despedir (vt)	**despedir-se de ...**	[dəʃpə'dirsə də]
despedirse (vr)	**despedir-se** (vr)	[dəʃpə'dirsə]

24. El avión

avión (m)	**avião** (m)	[ɐ'vjãu]
billete (m) de avión	**bilhete** (m) **de avião**	[bi'ʎetə də ɐ'vjãu]
compañía (f) aérea	**companhia** (f) **aérea**	[kõpɐ'ɲiɐ ɐ'ɛriɐ]
aeropuerto (m)	**aeroporto** (m)	[ɐɛrɔ'portu]
supersónico (adj)	**supersónico**	[supər'sɔniku]
comandante (m)	**comandante** (m) **do avião**	[kumã'dãtə du ɐ'vjãu]
tripulación (f)	**tripulação** (f)	[tripulɐ'sãu]
piloto (m)	**piloto** (m)	[pi'lotu]
azafata (f)	**hospedeira** (f) **de bordo**	[ɔʃpə'dɐjrɐ də 'bɔrdu]
navegador (m)	**copiloto** (m)	[kopi'lotu]
alas (f pl)	**asas** (f pl)	['azɐʃ]
cola (f)	**cauda** (f)	['kaudɐ]
cabina (f)	**cabine** (f)	[kɐ'binə]
motor (m)	**motor** (m)	[mu'tor]
tren (m) de aterrizaje	**trem** (m) **de aterragem**	[trẽʲ də ɐtə'ʀaʒẽʲ]
turbina (f)	**turbina** (f)	[tur'binɐ]
hélice (f)	**hélice** (f)	['ɛlisə]
caja (f) negra	**caixa-preta** (f)	['kaɪʃɐ 'pretɐ]
timón (m)	**coluna** (f) **de controlo**	[ku'lunɐ də kõ'trolu]
combustible (m)	**combustível** (m)	[kõbu'ʃtivɛl]
instructivo (m) de seguridad	**instruções** (f pl) **de segurança**	[ĩʃtru'soɪʃ də səgu'rãsɐ]
respirador (m) de oxígeno	**máscara** (f) **de oxigénio**	['maʃkɐrɐ də ɔksi'ʒɛniu]
uniforme (m)	**uniforme** (m)	[uni'fɔrmə]
chaleco (m) salvavidas	**colete** (m) **salva-vidas**	[ku'letə 'salvɐ 'vidɐʃ]
paracaídas (m)	**paraquedas** (m)	[pɐrɐ'kɛdɐʃ]
despegue (m)	**descolagem** (f)	[dəʃku'laʒẽʲ]
despegar (vi)	**descolar** (vi)	[dəʃku'lar]
pista (f) de despegue	**pista** (f) **de descolagem**	['piʃtɐ də dəʃku'laʒẽʲ]
visibilidad (f)	**visibilidade** (f)	[vizibili'dadə]
vuelo (m)	**voo** (m)	['vou]
altura (f)	**altura** (f)	[al'turɐ]

pozo (m) de aire	**poço** (m) **de ar**	['posu də 'ar]
asiento (m)	**assento** (m)	[ɐ'sẽtu]
auriculares (m pl)	**auscultadores** (m pl)	[auʃkultɐ'dorəʃ]
mesita (f) plegable	**mesa** (f) **rebatível**	['mezɐ ʀəbɐ'tivɛl]
ventana (f)	**vigia** (f)	[vi'ʒiɐ]
pasillo (m)	**passagem** (f)	[pɐ'saʒẽʲ]

25. El tren

tren (m)	**comboio** (m)	[kõ'bɔju]
tren (m) de cercanías	**comboio** (m) **suburbano**	[kõ'bɔju subur'bɐnu]
tren (m) rápido	**comboio** (m) **rápido**	[kõ'bɔju 'ʀapidu]
locomotora (f) diésel	**locomotiva** (f) **diesel**	[lukumu'tivɐ 'dizɛl]
tren (m) de vapor	**locomotiva** (f) **a vapor**	[lukumu'tivɐ ɐ vɐ'por]
coche (m)	**carruagem** (f)	[kɐʀu'aʒẽʲ]
coche (m) restaurante	**carruagem restaurante** (f)	[kɐʀu'aʒẽʲ ʀəʃtau'rãtə]
rieles (m pl)	**carris** (m pl)	[kɐ'ʀiʃ]
ferrocarril (m)	**caminho de ferro** (m)	[kɐ'miɲu də 'fɛʀu]
traviesa (f)	**travessa** (f)	[trɐ'vɛsɐ]
plataforma (f)	**plataforma** (f)	[plɐtɐ'fɔrmɐ]
vía (f)	**linha** (f)	['liɲɐ]
semáforo (m)	**semáforo** (m)	[sə'mafuru]
estación (f)	**estação** (f)	[əʃtɐ'sãu]
maquinista (m)	**maquinista** (m)	[mɐki'niʃtɐ]
maletero (m)	**bagageiro** (m)	[bɐgɐ'ʒɐjru]
mozo (m) del vagón	**hospedeiro, -a** (m, f)	[ɔʃpə'dɐjru, -ɐ]
pasajero (m)	**passageiro** (m)	[pɐsɐ'ʒɐjru]
revisor (m)	**revisor** (m)	[ʀəvi'zor]
corredor (m)	**corredor** (m)	[kuʀə'dor]
freno (m) de urgencia	**freio** (m) **de emergência**	['frɐju də emər'ʒẽsiɐ]
compartimiento (m)	**compartimento** (m)	[kõpɐrti'mẽtu]
litera (f)	**cama** (f)	['kɐmɐ]
litera (f) de arriba	**cama** (f) **de cima**	['kɐmɐ də 'simɐ]
litera (f) de abajo	**cama** (f) **de baixo**	['kɐmɐ də 'baɪʃu]
ropa (f) de cama	**roupa** (f) **de cama**	['ʀopɐ də 'kɐmɐ]
billete (m)	**bilhete** (m)	[bi'ʎetə]
horario (m)	**horário** (m)	[ɔ'rariu]
pantalla (f) de información	**painel** (m) **de informação**	[paj'nɛl də ĩfurmɐ'sãu]
partir (vi)	**partir** (vt)	[pɐr'tir]
partida (f) (del tren)	**partida** (f)	[pɐr'tidɐ]
llegar (tren)	**chegar** (vi)	[ʃə'gar]
llegada (f)	**chegada** (f)	[ʃə'gadɐ]

llegar en tren	**chegar de comboio**	[ʃə'gar də kõ'bɔju]
tomar el tren	**apanhar o comboio**	[ɐpɐ'ɲar u kõ'bɔju]
bajar del tren	**sair do comboio**	[sɐ'ir du kõ'bɔju]
descarrilamiento (m)	**acidente** (m) **ferroviário**	[ɐsi'dẽtə fɛʀɔ'vjariu]
descarrilarse (vr)	**descarrilar** (vi)	[dəʃkɐʀi'lar]
tren (m) de vapor	**locomotiva** (f) **a vapor**	[lukumu'tivɐ ɐ vɐ'por]
fogonero (m)	**fogueiro** (m)	[fu'gɐjru]
hogar (m)	**fornalha** (f)	[fur'naʎɐ]
carbón (m)	**carvão** (m)	[kɐr'vãu]

26. El barco

barco, buque (m)	**navio** (m)	[nɐ'viu]
navío (m)	**embarcação** (f)	[ẽbɐrkɐ'sãu]
buque (m) de vapor	**vapor** (m)	[vɐ'por]
motonave (f)	**navio** (m)	[nɐ'viu]
trasatlántico (m)	**transatlântico** (m)	[trãzɐt'lãtiku]
crucero (m)	**cruzador** (m)	[kruzɐ'dor]
yate (m)	**iate** (m)	['jatə]
remolcador (m)	**rebocador** (m)	[ʀəbukɐ'dor]
barcaza (f)	**barcaça** (f)	[bɐr'kasɐ]
ferry (m)	**ferry** (m)	['fɛʀi]
velero (m)	**veleiro** (m)	[və'lɐjru]
bergantín (m)	**bergantim** (m)	[bərgã'tĩ]
rompehielos (m)	**quebra-gelo** (m)	['kɛbrɐ 'ʒɛlu]
submarino (m)	**submarino** (m)	[submɐ'rinu]
bote (m) de remo	**bote, barco** (m)	['bɔtə], ['barku]
bote (m)	**bote, dingue** (m)	['bɔtə], ['dĩgə]
bote (m) salvavidas	**bote** (m) **salva-vidas**	['bɔtə 'salvɐ 'vidɐʃ]
lancha (f) motora	**lancha** (f)	['lãʃɐ]
capitán (m)	**capitão** (m)	[kɐpi'tãu]
marinero (m)	**marinheiro** (m)	[mɐri'ɲɐjru]
marino (m)	**marujo** (m)	[mɐ'ruʒu]
tripulación (f)	**tripulação** (f)	[tripulɐ'sãu]
contramaestre (m)	**contramestre** (m)	[kõtrɐ'mɛʃtrə]
grumete (m)	**grumete** (m)	[gru'mɛtə]
cocinero (m) de abordo	**cozinheiro** (m) **de bordo**	[kuzi'ɲɐjru də 'bɔrdu]
médico (m) del buque	**médico** (m) **de bordo**	['mɛdiku də 'bɔrdu]
cubierta (f)	**convés** (m)	[kõ'vɛʃ]
mástil (m)	**mastro** (m)	['maʃtru]
vela (f)	**vela** (f)	['vɛlɐ]

bodega (f)	**porão** (m)	[pu'rãu]
proa (f)	**proa** (f)	['proɐ]
popa (f)	**popa** (f)	['popɐ]
remo (m)	**remo** (m)	['ʀɛmu]
hélice (f)	**hélice** (f)	['ɛlisə]
camarote (m)	**camarote** (m)	[kɐmɐ'rɔtə]
sala (f) de oficiales	**sala** (f) **dos oficiais**	['salɐ duʃ ɔfi'sjaɪʃ]
sala (f) de máquinas	**sala** (f) **das máquinas**	['salɐ dɐʃ 'makinɐʃ]
puente (m) de mando	**ponte** (m) **de comando**	['põtə də ku'mãdu]
sala (f) de radio	**sala** (f) **de comunicações**	['salɐ də kumunikɐ'soɪʃ]
onda (f)	**onda** (f)	['õdɐ]
cuaderno (m) de bitácora	**diário** (m) **de bordo**	[di'ariu də 'bɔrdu]
anteojo (m)	**luneta** (f)	[lu'nɛtɐ]
campana (f)	**sino** (m)	['sinu]
bandera (f)	**bandeira** (f)	[bã'dɐjrɐ]
cabo (m) (maroma)	**cabo** (m)	['kabu]
nudo (m)	**nó** (m)	[nɔ]
pasamano (m)	**corrimão** (m)	[kuʀi'mãu]
pasarela (f)	**prancha** (f) **de embarque**	['prãʃɐ də ẽ'barkə]
ancla (f)	**âncora** (f)	['ãkurɐ]
levar ancla	**recolher a âncora**	[ʀəku'ʎer ɐ 'ãkurɐ]
echar ancla	**lançar a âncora**	[lã'sar ɐ 'ãkurɐ]
cadena (f) del ancla	**amarra** (f)	[ɐ'maʀɐ]
puerto (m)	**porto** (m)	['portu]
embarcadero (m)	**cais, amarradouro** (m)	[kaɪʃ], [ɐmɐʀɐ'doru]
amarrar (vt)	**atracar** (vi)	[ɐtrɐ'kar]
desamarrar (vt)	**desatracar** (vi)	[dəzɐtrɐ'kar]
viaje (m)	**viagem** (f)	['vjaʒẽʲ]
crucero (m) (viaje)	**cruzeiro** (m)	[kru'zɐjru]
derrota (f) (rumbo)	**rumo** (m), **rota** (f)	['ʀumu], ['ʀɔtɐ]
itinerario (m)	**itinerário** (m)	[itinə'rariu]
canal (m) navegable	**canal** (m) **navegável**	[kɐ'nal nɐvə'gavɛl]
bajío (m)	**banco** (m) **de areia**	['bãku də ɐ'rɐjɐ]
encallar (vi)	**encalhar** (vt)	[ẽkɐ'ʎar]
tempestad (f)	**tempestade** (f)	[tẽpə'ʃtadə]
señal (f)	**sinal** (m)	[si'nal]
hundirse (vr)	**afundar-se** (vr)	[ɐfũ'darsə]
¡Hombre al agua!	**Homem ao mar!**	['ɔmẽʲ 'au 'mar]
SOS	**SOS**	[ɛsəo 'ɛsə]
aro (m) salvavidas	**boia** (f) **salva-vidas**	['bɔjɐ 'salvɐ 'vidɐʃ]

LA CIUDAD

T&P Books Publishing

27. El transporte urbano

autobús (m)	**autocarro** (m)	[autɔ'kaʀu]
tranvía (m)	**elétrico** (m)	[e'lɛtriku]
trolebús (m)	**troleicarro** (m)	[trulɛi'kaʀu]
itinerario (m)	**itinerário** (m)	[itinə'rariu]
número (m)	**número** (m)	['numəru]
ir en …	**ir de …**	[ir də]
tomar (~ el autobús)	**entrar em …**	[ẽ'trar ẽʲ]
bajar (~ del tren)	**descer de …**	[də'ʃser də]
parada (f)	**paragem** (f)	[pɐ'raʒẽʲ]
próxima parada (f)	**próxima paragem** (f)	['prɔsimɐ pɐ'raʒẽʲ]
parada (f) final	**ponto** (m) **final**	['põtu fi'nal]
horario (m)	**horário** (m)	[ɔ'rariu]
esperar (aguardar)	**esperar** (vt)	[əʃpə'rar]
billete (m)	**bilhete** (m)	[bi'ʎetə]
precio (m) del billete	**custo** (m) **do bilhete**	['kuʃtu du bi'ʎetə]
cajero (m)	**bilheteiro** (m)	[biʎə'tɐjru]
control (m) de billetes	**controle** (m) **dos bilhetes**	[kõ'trole duʃ bi'ʎetəʃ]
revisor (m)	**revisor** (m)	[ʀəvi'zor]
llegar tarde (vi)	**atrasar-se** (vr)	[ɐtrɐ'zarsə]
perder (~ el tren)	**perder** (vt)	[pər'der]
tener prisa	**estar com pressa**	[ə'ʃtar kõ 'prɛsɐ]
taxi (m)	**táxi** (m)	['taksi]
taxista (m)	**taxista** (m)	[ta'ksiʃtɐ]
en taxi	**de táxi**	[də 'taksi]
parada (f) de taxi	**praça** (f) **de táxis**	['prasɐ də 'taksiʃ]
llamar un taxi	**chamar um táxi**	[ʃɐ'mar ũ 'taksi]
tomar un taxi	**apanhar um táxi**	[ɐpɐ'ɲar ũ 'taksi]
tráfico (m)	**tráfego** (m)	['trafəgu]
atasco (m)	**engarrafamento** (m)	[ẽgɐʀɐfɐ'mẽtu]
horas (f pl) de punta	**horas** (f pl) **de ponta**	['ɔrɐʃ də 'põtɐ]
aparcar (vi)	**estacionar** (vi)	[əʃtɐsiu'nar]
aparcar (vt)	**estacionar** (vt)	[əʃtɐsiu'nar]
aparcamiento (m)	**parque** (m) **de estacionamento**	['parkə də əʃtɐsiunɐ'mẽtu]
metro (m)	**metro** (m)	['mɛtru]
estación (f)	**estação** (f)	[əʃtɐ'sãu]

ir en el metro	**ir de metro**	[ir də 'mɛtru]
tren (m)	**comboio** (m)	[kõ'bɔju]
estación (f)	**estação** (f)	[əʃtɐ'sãu]

28. La ciudad. La vida en la ciudad

ciudad (f)	**cidade** (f)	[si'dadə]
capital (f)	**capital** (f)	[kɐpi'tal]
aldea (f)	**aldeia** (f)	[al'dɐjɐ]
plano (m) de la ciudad	**mapa** (m) **da cidade**	['mapɐ dɐ si'dadə]
centro (m) de la ciudad	**centro** (m) **da cidade**	['sẽtru dɐ si'dadə]
suburbio (m)	**subúrbio** (m)	[su'burbiu]
suburbano (adj)	**suburbano**	[subur'bɐnu]
arrabal (m)	**periferia** (f)	[pərifə'riɐ]
afueras (f pl)	**arredores** (m pl)	[ɐʀə'dorəʃ]
barrio (m)	**quarteirão** (m)	[kuɐrtɐj'rãu]
zona (f) de viviendas	**quarteirão** (m) **residencial**	[kuɐrtɐj'rãu ʀəzidẽ'sjal]
tráfico (m)	**tráfego** (m)	['trafəgu]
semáforo (m)	**semáforo** (m)	[sə'mafuru]
transporte (m) urbano	**transporte** (m) **público**	[trã'ʃpɔrtə 'publiku]
cruce (m)	**cruzamento** (m)	[kruzɐ'mẽtu]
paso (m) de peatones	**passadeira** (f)	[pɐsɐ'dɐjrɐ]
paso (m) subterráneo	**passagem** (f) **subterrânea**	[pɐ'saʒẽʲ subtə'ʀɐniɐ]
cruzar (vt)	**cruzar, atravessar** (vt)	[kru'zar], [ɐtrɐvə'sar]
peatón (m)	**peão** (m)	['pjãu]
acera (f)	**passeio** (m)	[pɐ'sɐju]
puente (m)	**ponte** (f)	['põtə]
muelle (m)	**margem** (f) **do rio**	['marʒẽʲ du 'ʀiu]
fuente (f)	**fonte** (f)	['fõtə]
alameda (f)	**alameda** (f)	[ɐlɐ'medɐ]
parque (m)	**parque** (m)	['parkə]
bulevar (m)	**bulevar** (m)	[bulə'var]
plaza (f)	**praça** (f)	['prasɐ]
avenida (f)	**avenida** (f)	[ɐvə'nidɐ]
calle (f)	**rua** (f)	['ʀuɐ]
callejón (m)	**travessa** (f)	[trɐ'vɛsɐ]
callejón (m) sin salida	**beco** (m) **sem saída**	['beku sẽ sɐ'idɐ]
casa (f)	**casa** (f)	['kazɐ]
edificio (m)	**edifício, prédio** (m)	[edi'fisiu], ['prɛdiu]
rascacielos (m)	**arranha-céus** (m)	[ɐ'ʀɐɲɐ 'sɛuʃ]
fachada (f)	**fachada** (f)	[fɐ'ʃadɐ]
techo (m)	**telhado** (m)	[tə'ʎadu]

ventana (f)	**janela** (f)	[ʒɐ'nɛlɐ]
arco (m)	**arco** (m)	['arku]
columna (f)	**coluna** (f)	[ku'lunɐ]
esquina (f)	**esquina** (f)	[ə'ʃkinɐ]
escaparate (f)	**montra** (f)	['mõtrɐ]
letrero (m) (~ luminoso)	**letreiro** (m)	[lə'trɐjru]
cartel (m)	**cartaz** (m)	[kɐr'taʃ]
cartel (m) publicitario	**cartaz** (m) **publicitário**	[kɐr'taʃ publisi'tariu]
valla (f) publicitaria	**painel** (m) **publicitário**	[paj'nɛl publisi'tariu]
basura (f)	**lixo** (m)	['liʃu]
cajón (m) de basura	**cesta** (f) **do lixo**	['seʃtɐ du 'liʃu]
tirar basura	**jogar lixo na rua**	[ʒu'gar 'liʃu nɐ 'ʀuɐ]
basurero (m)	**aterro** (m) **sanitário**	[ɐ'teʀu sɐni'tariu]
cabina (f) telefónica	**cabine** (f) **telefónica**	[kɐ'binə tələ'fɔnikɐ]
farola (f)	**candeeiro** (m) **de rua**	[kã'djɐjru də 'ʀuɐ]
banco (m) (del parque)	**banco** (m)	['bãku]
policía (m)	**polícia** (m)	[pu'lisiɐ]
policía (f) (~ nacional)	**polícia** (f)	[pu'lisiɐ]
mendigo (m)	**mendigo** (m)	[mẽ'digu]
persona (f) sin hogar	**sem-abrigo** (m)	[sãʲ ɐ'brigu]

29. Las instituciones urbanas

tienda (f)	**loja** (f)	['lɔʒɐ]
farmacia (f)	**farmácia** (f)	[fɐr'masiɐ]
óptica (f)	**ótica** (f)	['ɔtikɐ]
centro (m) comercial	**centro** (m) **comercial**	['sẽtru kumər'sjal]
supermercado (m)	**supermercado** (m)	[supɛrmər'kadu]
panadería (f)	**padaria** (f)	[pɐdɐ'riɐ]
panadero (m)	**padeiro** (m)	[pa'dɐjru]
pastelería (f)	**pastelaria** (f)	[pɐʃtələ'riɐ]
tienda (f) de comestibles	**mercearia** (f)	[mərsiɐ'riɐ]
carnicería (f)	**talho** (m)	['taʎu]
verdulería (f)	**loja** (f) **de legumes**	['lɔʒɐ də lə'gumeʃ]
mercado (m)	**mercado** (m)	[mər'kadu]
cafetería (f)	**café** (m)	[kɐ'fɛ]
restaurante (m)	**restaurante** (m)	[ʀəʃtau'rãtə]
cervecería (f)	**bar** (m), **cervejaria** (f)	[bar], [sərvəʒɐ'riɐ]
pizzería (f)	**pizzaria** (f)	[pitzɐ'riɐ]
peluquería (f)	**salão** (m) **de cabeleireiro**	[sɐ'lãu də kɐbəlɐj'rɐjru]
oficina (f) de correos	**correios** (m pl)	[ku'ʀɐjuʃ]
tintorería (f)	**lavandaria** (f)	[lɐvãdɐ'riɐ]

estudio (m) fotográfico	**estúdio** (m) **fotográfico**	[ə'ʃtudiu futu'grafiku]
zapatería (f)	**sapataria** (f)	[sɐpɐtɐ'riɐ]
librería (f)	**livraria** (f)	[livrɐ'riɐ]
tienda (f) deportiva	**loja** (f) **de artigos de desporto**	['lɔʒɐ də ɐr'tiguʃ də də'ʃportu]
arreglos (m pl) de ropa	**reparação** (f) **de roupa**	[ʀəpɐrɐ'sãu də 'ʀopɐ]
alquiler (m) de ropa	**aluguer** (m) **de roupa**	[ɐlu'gɛr də 'ʀopɐ]
videoclub (m)	**aluguer** (m) **de filmes**	[ɐlu'gɛr də 'filməʃ]
circo (m)	**circo** (m)	['sirku]
zoológico (m)	**jardim** (m) **zoológico**	[ʒɐr'dĩ zuu'lɔʒiku]
cine (m)	**cinema** (m)	[si'nemɐ]
museo (m)	**museu** (m)	[mu'zeu]
biblioteca (f)	**biblioteca** (f)	[bibliu'tɛkɐ]
teatro (m)	**teatro** (m)	[tə'atru]
ópera (f)	**ópera** (f)	['ɔpərɐ]
club (m) nocturno	**clube** (m) **noturno**	['klubə nɔ'turnu]
casino (m)	**casino** (m)	[kɐ'zinu]
mezquita (f)	**mesquita** (f)	[mə'ʃkitɐ]
sinagoga (f)	**sinagoga** (f)	[sinɐ'gɔgɐ]
catedral (f)	**catedral** (f)	[kɐtə'dral]
templo (m)	**templo** (m)	['tẽplu]
iglesia (f)	**igreja** (f)	[i'grɐʒɐ]
instituto (m)	**instituto** (m)	[ĩʃti'tutu]
universidad (f)	**universidade** (f)	[univərsi'dadə]
escuela (f)	**escola** (f)	[ə'ʃkɔlɐ]
prefectura (f)	**prefeitura** (f)	[prəfɐj'turɐ]
alcaldía (f)	**câmara** (f) **municipal**	['kɐmɐrɐ munisi'pal]
hotel (m)	**hotel** (m)	[ɔ'tɛl]
banco (m)	**banco** (m)	['bãku]
embajada (f)	**embaixada** (f)	[ẽbaɪ'ʃadɐ]
agencia (f) de viajes	**agência** (f) **de viagens**	[ɐ'ʒẽsiɐ də 'vjaʒẽʲʃ]
oficina (f) de información	**agência** (f) **de informações**	[ɐ'ʒẽsiɐ də ĩfurmɐ'soɪʃ]
oficina (f) de cambio	**casa** (f) **de câmbio**	['kazɐ də 'kãbiu]
metro (m)	**metro** (m)	['mɛtru]
hospital (m)	**hospital** (m)	[ɔʃpi'tal]
gasolinera (f)	**posto** (m) **de gasolina**	['poʃtu də gɐzu'linɐ]
aparcamiento (m)	**parque** (m) **de estacionamento**	['parkə də əʃtɐsiunɐ'mẽtu]

30. Los avisos

letrero (m) (~ luminoso)	**letreiro** (m)	[lə'trɐjru]
cartel (m) (texto escrito)	**inscrição** (f)	[ĩʃkri'sãu]
pancarta (f)	**cartaz, póster** (m)	[kɐr'taʃ], ['pɔʃtɛr]
señal (m) de dirección	**sinal** (m) **informativo**	[si'nal ĩfurmɐ'tivu]
flecha (f) (signo)	**seta** (f)	['sɛtɐ]
advertencia (f)	**aviso** (m), **advertência** (f)	[ɐ'vizu], [ɐdvər'tẽsiɐ]
aviso (m)	**sinal** (m) **de aviso**	[si'nal də ɐ'vizu]
advertir (vt)	**avisar, advertir** (vt)	[ɐvi'zar], [ɐdvər'tir]
día (m) de descanso	**dia** (m) **de folga**	['diɐ də 'fɔlgɐ]
horario (m)	**horário** (m)	[ɔ'rariu]
horario (m) de apertura	**horário** (m)	[ɔ'rariu]
¡BIENVENIDOS!	**BEM-VINDOS!**	[bẽʲ'vĩduʃ]
ENTRADA	**ENTRADA**	[ẽ'tradɐ]
SALIDA	**SAÍDA**	[sɐ'idɐ]
EMPUJAR	**EMPURRE**	[ẽ'puʀə]
TIRAR	**PUXE**	['puʃə]
ABIERTO	**ABERTO**	[ɐ'bɛrtu]
CERRADO	**FECHADO**	[fə'ʃadu]
MUJERES	**MULHER**	[mu'ʎɛr]
HOMBRES	**HOMEM**	['ɔmẽʲ]
REBAJAS	**DESCONTOS**	[də'ʃkõtuʃ]
SALDOS	**SALDOS**	['salduʃ]
NOVEDAD	**NOVIDADE!**	[nuvi'dadə]
GRATIS	**GRÁTIS**	['gratiʃ]
¡ATENCIÓN!	**ATENÇÃO!**	[ɐtẽ'sãu]
COMPLETO	**NÃO HÁ VAGAS**	['nãu a 'vagɐʃ]
RESERVADO	**RESERVADO**	[ʀəzər'vadu]
ADMINISTRACIÓN	**ADMINISTRAÇÃO**	[ɐdminiʃtrɐ'sãu]
SÓLO PERSONAL AUTORIZADO	**SOMENTE PESSOAL AUTORIZADO**	[sɔ'mẽtə pəsu'al auturi'zadu]
CUIDADO CON EL PERRO	**CUIDADO CÃO FEROZ**	[kui'dadu 'kãu fə'rɔʃ]
PROHIBIDO FUMAR	**PROIBIDO FUMAR!**	[prui'bidu fu'mar]
NO TOCAR	**NÃO TOCAR**	['nãu tu'kar]
PELIGROSO	**PERIGOSO**	[pəri'gozu]
PELIGRO	**PERIGO**	[pə'rigu]
ALTA TENSIÓN	**ALTA TENSÃO**	['altɐ tẽ'sãu]
PROHIBIDO BAÑARSE	**PROIBIDO NADAR**	[prui'bidu nɐ'dar]
NO FUNCIONA	**AVARIADO**	[ɐvɐ'rjadu]

INFLAMABLE	**INFLAMÁVEL**	[ĩflɐ'mavɛl]
PROHIBIDO	**PROIBIDO**	[prui'bidu]
PROHIBIDO EL PASO	**ENTRADA PROIBIDA**	[ẽ'tradɐ prui'bidɐ]
RECIÉN PINTADO	**CUIDADO TINTA FRESCA**	[kui'dadu 'tĩtɐ 'freʃkɐ]

31. Las compras

comprar (vt)	**comprar** (vt)	[kõ'prar]
compra (f)	**compra** (f)	['kõprɐ]
hacer compras	**fazer compras**	[fɐ'zer 'kõprɐʃ]
compras (f pl)	**compras** (f pl)	['kõprɐʃ]
estar abierto (tienda)	**estar aberta**	[ə'ʃtar ɐ'bɛrtɐ]
estar cerrado	**estar fechada**	[ə'ʃtar fə'ʃadɐ]
calzado (m)	**calçado** (m)	[kal'sadu]
ropa (f)	**roupa** (f)	['ʀopɐ]
cosméticos (m pl)	**cosméticos** (m pl)	[ku'ʒmɛtikuʃ]
productos alimenticios	**alimentos** (m pl)	[ɐli'mẽtuʃ]
regalo (m)	**presente** (m)	[prə'zẽtə]
vendedor (m)	**vendedor** (m)	[vẽdə'dor]
vendedora (f)	**vendedora** (f)	[vẽdə'dorɐ]
caja (f)	**caixa** (f)	['kaɪʃɐ]
espejo (m)	**espelho** (m)	[ə'ʃpɐʎu]
mostrador (m)	**balcão** (m)	[bal'kãu]
probador (m)	**cabine** (f) **de provas**	[kɐ'binə də 'prɔvɐʃ]
probar (un vestido)	**provar** (vt)	[pru'var]
quedar (una ropa, etc.)	**servir** (vi)	[sər'vir]
gustar (vi)	**gostar** (vt)	[gu'ʃtar]
precio (m)	**preço** (m)	['presu]
etiqueta (f) de precio	**etiqueta** (f) **de preço**	[eti'ketɐ də 'presu]
costar (vt)	**custar** (vt)	[ku'ʃtar]
¿Cuánto?	**Quanto?**	[ku'ãtu]
descuento (m)	**desconto** (m)	[də'ʃkõtu]
no costoso (adj)	**não caro**	['nãu 'karu]
barato (adj)	**barato**	[bɐ'ratu]
caro (adj)	**caro**	['karu]
Es caro	**É caro**	[ɛ 'karu]
alquiler (m)	**aluguer** (m)	[ɐlu'gɛr]
alquilar (vt)	**alugar** (vt)	[ɐlu'gar]
crédito (m)	**crédito** (m)	['krɛditu]
a crédito (adv)	**a crédito**	[ɐ 'krɛditu]

LA ROPA Y LOS ACCESORIOS

T&P Books Publishing

32. La ropa exterior. Los abrigos

ropa (f)	**roupa** (f)	['ʀopɐ]
ropa (f) de calle	**roupa** (f) **exterior**	['ʀopɐ əʃtə'rjoɾ]
ropa (f) de invierno	**roupa** (f) **de inverno**	['ʀopɐ də ĩ'vɛɾnu]
abrigo (m)	**sobretudo** (m)	[sobrə'tudu]
abrigo (m) de piel	**casaco** (m) **de peles**	[kɐ'zaku də 'pɛləʃ]
abrigo (m) corto de piel	**casaco curto** (m) **de pele**	[kɐ'zaku 'kurtu də 'pɛlə]
chaqueta (f) plumón	**casaco** (m) **acolchoado**	[kɐ'zaku ɐkɔlʃu'adu]
cazadora (f)	**casaco, blusão** (m)	[kɐ'zaku], [blu'zãu]
impermeable (m)	**impermeável** (m)	[ĩpərmi'avɛl]
impermeable (adj)	**impermeável**	[ĩpər'mjavɛl]

33. Ropa de hombre y mujer

camisa (f)	**camisa** (f)	[kɐ'mizɐ]
pantalones (m pl)	**calças** (f pl)	['kalsɐʃ]
jeans, vaqueros (m pl)	**calças** (f pl) **de ganga**	['kalsɐʃ də 'gãgɐ]
chaqueta (f), saco (m)	**casaco** (m)	[kɐ'zaku]
traje (m)	**fato** (m)	['fatu]
vestido (m)	**vestido** (m)	[və'ʃtidu]
falda (f)	**saia** (f)	['sajɐ]
blusa (f)	**blusa** (f)	['bluzɐ]
rebeca (f), chaqueta (f) de punto	**casaco** (m) **de malha**	[kɐ'zaku də 'maʎɐ]
chaqueta (f)	**casaco, blazer** (m)	[kɐ'zaku], ['blɐjzɐɾ]
camiseta (f) (T-shirt)	**T-shirt, camiseta** (f)	['tiʃərt], [kɐmi'zetɐ]
pantalones (m pl) cortos	**short** (m), **calções** (m pl)	['ʃɔrt], [ka'lsoɪʃ]
traje (m) deportivo	**fato** (m) **de treino**	['fatu də 'trɐjnu]
bata (f) de baño	**roupão** (m) **de banho**	[ʀo'pãu də 'bɐɲu]
pijama (m)	**pijama** (m)	[pi'ʒɐmɐ]
suéter (m)	**suéter** (m)	[su'ɛtɛɾ]
pulóver (m)	**pulôver** (m)	[pu'lovɛɾ]
chaleco (m)	**colete** (m)	[ku'letə]
frac (m)	**fraque** (m)	['frakə]
esmoquin (m)	**smoking** (m)	['smokiŋ]
uniforme (m)	**uniforme** (m)	[uni'fɔrmə]
ropa (f) de trabajo	**roupa** (f) **de trabalho**	['ʀopɐ də trɐ'baʎu]

mono (m)	**fato-macaco** (m)	['fatu mɐ'kaku]
bata (f) (p. ej. ~ blanca)	**bata** (f)	['batɐ]

34. La ropa. La ropa interior

ropa (f) interior	**roupa** (f) **interior**	['ʀopɐ ĩtə'rjor]
bóxer (m)	**cuecas boxer** (f pl)	[ku'ɛkɐʃ 'bɔksɐr]
bragas (f pl)	**cuecas** (f pl)	[ku'ɛkɐʃ]
camiseta (f) interior	**camisola** (f) **interior**	[kɐmi'zɔlɐ ĩtə'rjor]
calcetines (m pl)	**peúgas** (f pl)	['pjugɐʃ]
camisón (m)	**camisa** (f) **de noite**	[kɐ'mizɐ də 'nojtə]
sostén (m)	**sutiã** (m)	[su'tjã]
calcetines (m pl) altos	**meias longas** (f pl)	['mɐjɐʃ 'lõgɐʃ]
pantimedias (f pl)	**meia-calça** (f)	['mɐjɐ 'kalsɐ]
medias (f pl)	**meias** (f pl)	['mɐjɐʃ]
traje (m) de baño	**fato** (m) **de banho**	['fatu də 'bɐɲu]

35. Gorras

gorro (m)	**chapéu** (m)	[ʃɐ'pɛu]
sombrero (m) de fieltro	**chapéu** (m) **de feltro**	[ʃɐ'pɛu də 'feltru]
gorra (f) de béisbol	**boné** (m) **de beisebol**	[bɔ'nɛ də 'bɛjzbɔl]
gorra (f) plana	**boné** (m)	[bɔ'nɛ]
boina (f)	**boina** (f)	['bɔjnɐ]
capuchón (m)	**capuz** (m)	[kɐ'puʃ]
panamá (m)	**panamá** (m)	[pɐnɐ'ma]
gorro (m) de punto	**gorro** (m) **de malha**	['goʀu də 'maʎɐ]
pañuelo (m)	**lenço** (m)	['lẽsu]
sombrero (m) de mujer	**chapéu** (m) **de mulher**	[ʃɐ'pɛu də mu'ʎɛr]
casco (m) (~ protector)	**capacete** (m)	[kɐpɐ'setə]
gorro (m) de campaña	**bibico** (m)	[bi'biku]
casco (m) (~ de moto)	**capacete** (m)	[kɐpɐ'setə]
bombín (m)	**chapéu-coco** (m)	[ʃɐ'pɛu 'koku]
sombrero (m) de copa	**chapéu** (m) **alto**	[ʃɐ'pɛu 'altu]

36. El calzado

calzado (m)	**calçado** (m)	[kal'sadu]
botas (f pl)	**botinas** (f pl)	[bu'tinɐʃ]
zapatos (m pl) (~ de tacón bajo)	**sapatos** (m pl)	[sɐ'patuʃ]

botas (f pl) altas	**botas** (f pl)	['bɔteʃ]
zapatillas (f pl)	**pantufas** (f pl)	[pã'tufeʃ]
tenis (m pl)	**ténis** (m pl)	['tɛniʃ]
zapatillas (f pl) de lona	**sapatilhas** (f pl)	[sepe'tiʎeʃ]
sandalias (f pl)	**sandálias** (f pl)	[sã'dalieʃ]
zapatero (m)	**sapateiro** (m)	[sepe'tejru]
tacón (m)	**salto** (m)	['saltu]
par (m)	**par** (m)	[par]
cordón (m)	**atacador** (m)	[eteke'dor]
encordonar (vt)	**apertar os atacadores**	[epər'tar uʃ eteke'dorəʃ]
calzador (m)	**calçadeira** (f)	[kalse'dejre]
betún (m)	**graxa** (f) **para calçado**	['graʃe 'pere ka'lsadu]

37. Accesorios personales

guantes (m pl)	**luvas** (f pl)	['luveʃ]
manoplas (f pl)	**mitenes** (f pl)	[mi'tɛnəʃ]
bufanda (f)	**cachecol** (m)	[kaʃə'kɔl]
gafas (f pl)	**óculos** (m pl)	['ɔkuluʃ]
montura (f)	**armação** (f)	[erme'sãu]
paraguas (m)	**guarda-chuva** (m)	[guarde 'ʃuve]
bastón (m)	**bengala** (f)	[bẽ'gale]
cepillo (m) de pelo	**escova** (f) **para o cabelo**	[ə'ʃkove 'pere u ke'belu]
abanico (m)	**leque** (m)	['lɛkə]
corbata (f)	**gravata** (f)	[gre'vate]
pajarita (f)	**gravata-borboleta** (f)	[gre'vate burbu'lete]
tirantes (m pl)	**suspensórios** (m pl)	[suʃpẽ'sɔriuʃ]
moquero (m)	**lenço** (m)	['lẽsu]
peine (m)	**pente** (m)	['pẽtə]
pasador (m) de pelo	**travessão** (m)	[trevə'sãu]
horquilla (f)	**gancho** (m) **de cabelo**	['gãʃu də ke'belu]
hebilla (f)	**fivela** (f)	[fi'vɛle]
cinturón (m)	**cinto** (m)	['sĩtu]
correa (f) (de bolso)	**correia** (f)	[ku'ʀeje]
bolsa (f)	**mala** (f)	['male]
bolso (m)	**mala** (f) **de senhora**	['male də sə'ɲore]
mochila (f)	**mochila** (f)	[mu'ʃile]

38. La ropa. Miscelánea

moda (f)	**moda** (f)	['mɔde]
de moda (adj)	**na moda**	[ne 'mɔde]

diseñador (m) de moda	**estilista** (m)	[əʃti'liʃtɐ]
cuello (m)	**colarinho** (m), **gola** (f)	[kulɐ'riɲu], ['gɔlɐ]
bolsillo (m)	**bolso** (m)	['bolsu]
de bolsillo (adj)	**de bolso**	[də 'bolsu]
manga (f)	**manga** (f)	['mãgɐ]
presilla (f)	**alcinha** (f)	[al'siɲɐ]
bragueta (f)	**braguilha** (f)	[brɐ'giʎɐ]
cremallera (f)	**fecho** (m) **de correr**	['feʃu də ku'ʀer]
cierre (m)	**fecho** (m), **colchete** (m)	['feʃu], [kɔ'lʃetə]
botón (m)	**botão** (m)	[bu'tãu]
ojal (m)	**casa** (f) **de botão**	['kazɐ də bu'tãu]
saltar (un botón)	**soltar-se** (vr)	[sɔl'tarsə]
coser (vi, vt)	**coser** (vi)	[ku'zer]
bordar (vt)	**bordar** (vt)	[bur'dar]
bordado (m)	**bordado** (m)	[bur'dadu]
aguja (f)	**agulha** (f)	[ɐ'guʎɐ]
hilo (m)	**fio** (m)	['fiu]
costura (f)	**costura** (f)	[ku'ʃturɐ]
ensuciarse (vr)	**sujar-se** (vr)	[su'ʒarsə]
mancha (f)	**mancha** (f)	['mãʃɐ]
arrugarse (vr)	**engelhar-se** (vr)	[ẽʒə'ʎarsə]
rasgar (vt)	**rasgar** (vt)	[ʀɐʒ'gar]
polilla (f)	**traça** (f)	['trasɐ]

39. Productos personales. Cosméticos

pasta (f) de dientes	**pasta** (f) **de dentes**	['paʃtɐ də 'dẽtəʃ]
cepillo (m) de dientes	**escova** (f) **de dentes**	[ə'ʃkovɐ də 'dẽtəʃ]
limpiarse los dientes	**escovar os dentes**	[əʃku'var uʃ 'dẽtəʃ]
maquinilla (f) de afeitar	**máquina** (f) **de barbear**	['makinɐ də bɐrbi'ar]
crema (f) de afeitar	**creme** (m) **de barbear**	['krɛmə də bɐr'bjar]
afeitarse (vr)	**barbear-se** (vr)	[bɐr'bjarsə]
jabón (m)	**sabonete** (m)	[sɐbu'netə]
champú (m)	**champô** (m)	[ʃã'po]
tijeras (f pl)	**tesoura** (f)	[tə'zorɐ]
lima (f) de uñas	**lima** (f) **de unhas**	['limɐ də 'uɲɐʃ]
cortaúñas (m pl)	**corta-unhas** (m)	['kɔrtɐ 'uɲɐʃ]
pinzas (f pl)	**pinça** (f)	['pĩsɐ]
cosméticos (m pl)	**cosméticos** (m pl)	[ku'ʒmɛtikuʃ]
mascarilla (f)	**máscara** (f)	['maʃkɐrɐ]
manicura (f)	**manicura** (f)	[mɐni'kurɐ]
hacer la manicura	**fazer a manicura**	[fɐ'zer ɐ mɐni'kurɐ]
pedicura (f)	**pedicure** (f)	[pedi'kurə]

bolsa (f) de maquillaje	**mala** (f) **de maquilhagem**	['malɐ də mɐki'ʎaʒẽʲ]
polvos (m pl)	**pó** (m)	[pɔ]
polvera (f)	**caixa** (f) **de pó**	['kaɪʃɐ də pɔ]
colorete (m), rubor (m)	**blush** (m)	[blɐʃ]
perfume (m)	**perfume** (m)	[pər'fumə]
agua (f) de tocador	**água** (f) **de toilette**	['aguɐ də tua'lɛtə]
loción (f)	**loção** (f)	[lu'sãu]
agua (f) de Colonia	**água-de-colónia** (f)	['aguɐ də ku'lɔniɐ]
sombra (f) de ojos	**sombra** (f) **de olhos**	['sõbrɐ də 'ɔʎuʃ]
lápiz (m) de ojos	**lápis** (m) **delineador**	['lapiʃ dəliniɐ'dor]
rímel (m)	**máscara** (f), **rímel** (m)	['maʃkɐrɐ], ['ʀimɛl]
pintalabios (m)	**batom** (m)	['batõ]
esmalte (m) de uñas	**verniz** (m) **de unhas**	[vər'niʒ də 'uɲɐʃ]
fijador (m) para el pelo	**laca** (f) **para cabelos**	['lakɐ 'pɐrɐ kɐ'beluʃ]
desodorante (m)	**desodorizante** (m)	[dəzɔdɔri'zãtə]
crema (f)	**creme** (m)	['krɛmə]
crema (f) de belleza	**creme** (m) **de rosto**	['krɛmə də 'ʀoʃtu]
crema (f) de manos	**creme** (m) **de mãos**	['krɛmə də 'mãuʃ]
crema (f) antiarrugas	**creme** (m) **antirrugas**	['krɛmə ãti'ʀugɐʃ]
crema (f) de día	**creme** (m) **de dia**	['krɛmə də 'diɐ]
crema (f) de noche	**creme** (m) **de noite**	['krɛmə də 'nojtə]
de día (adj)	**de dia**	[də 'diɐ]
de noche (adj)	**da noite**	[dɐ 'nojtə]
tampón (m)	**tampão** (m)	[tã'pãu]
papel (m) higiénico	**papel** (m) **higiénico**	[pɐ'pɛl i'ʒjɛniku]
secador (m) de pelo	**secador** (m) **elétrico**	[səkɐ'dor e'lɛtriku]

40. Los relojes

reloj (m)	**relógio** (m) **de pulso**	[ʀə'lɔʒiu də 'pulsu]
esfera (f)	**mostrador** (m)	[muʃtrɐ'dor]
aguja (f)	**ponteiro** (m)	[põ'tɐjru]
pulsera (f)	**bracelete** (f) **em aço**	[bresə'lɛtə ãj 'asu]
correa (f) (del reloj)	**bracelete** (f) **em couro**	[bresə'lɛtə ãj 'koru]
pila (f)	**pilha** (f)	['piʎɐ]
descargarse (vr)	**acabar** (vi)	[ɐkɐ'bar]
cambiar la pila	**trocar a pilha**	[tru'kar ɐ 'piʎɐ]
adelantarse (vr)	**estar adiantado**	[ə'ʃtar ɐdiã'tadu]
retrasarse (vr)	**estar atrasado**	[ə'ʃtar ɐtrɐ'zadu]
reloj (m) de pared	**relógio** (m) **de parede**	[ʀə'lɔʒiu də pɐ'redə]
reloj (m) de arena	**ampulheta** (f)	[ãpu'ʎetɐ]
reloj (m) de sol	**relógio** (m) **de sol**	[ʀə'lɔʒiu də sɔl]
despertador (m)	**despertador** (m)	[dəʃpərtɐ'dor]

relojero (m)	**relojoeiro** (m)	[ʀəluʒu'ɐjɾu]
reparar (vt)	**reparar** (vt)	[ʀəpɐ'ɾaɾ]

LA EXPERIENCIA DIARIA

T&P Books Publishing

41. El dinero

dinero (m)	**dinheiro** (m)	[di'ɲɐjɾu]
cambio (m)	**câmbio** (m)	['kãbiu]
curso (m)	**taxa** (f) **de câmbio**	['taʃɐ də 'kãbiu]
cajero (m) automático	**Caixa Multibanco** (m)	['kaɪʃɐ multi'bãku]
moneda (f)	**moeda** (f)	[mu'ɛdɐ]
dólar (m)	**dólar** (m)	['dɔlaɾ]
euro (m)	**euro** (m)	['euɾu]
lira (f)	**lira** (f)	['liɾɐ]
marco (m) alemán	**marco** (m)	['maɾku]
franco (m)	**franco** (m)	['frãku]
libra esterlina (f)	**libra** (f) **esterlina**	['librɐ əʃtəɾ'linɐ]
yen (m)	**iene** (m)	['jɛnə]
deuda (f)	**dívida** (f)	['dividɐ]
deudor (m)	**devedor** (m)	[dəvə'doɾ]
prestar (vt)	**emprestar** (vt)	[ẽprə'ʃtaɾ]
tomar prestado	**pedir emprestado**	[pə'diɾ ẽprə'ʃtadu]
banco (m)	**banco** (m)	['bãku]
cuenta (f)	**conta** (f)	['kõtɐ]
ingresar (~ en la cuenta)	**depositar** (vt)	[dəpuzi'taɾ]
ingresar en la cuenta	**depositar na conta**	[dəpuzi'taɾ nɐ 'kõtɐ]
sacar de la cuenta	**levantar** (vt)	[ləvã'taɾ]
tarjeta (f) de crédito	**cartão** (m) **de crédito**	[kɐɾ'tãu də 'kɾɛditu]
dinero (m) en efectivo	**dinheiro** (m) **vivo**	[di'ɲɐjɾu 'vivu]
cheque (m)	**cheque** (m)	['ʃɛkə]
sacar un cheque	**passar um cheque**	[pɐ'saɾ ũ 'ʃɛkə]
talonario (m)	**livro** (m) **de cheques**	['livɾu də 'ʃɛkəʃ]
cartera (f)	**carteira** (f)	[kɐɾ'tɐjɾɐ]
monedero (m)	**porta-moedas** (m)	['pɔɾtɐ mu'ɛdɐʃ]
caja (f) fuerte	**cofre** (m)	['kɔfɾə]
heredero (m)	**herdeiro** (m)	[eɾ'dɐjɾu]
herencia (f)	**herança** (f)	[e'ɾãsɐ]
fortuna (f)	**fortuna** (f)	[fuɾ'tunɐ]
arriendo (m)	**arrendamento** (m)	[ɐʀẽdɐ'mẽtu]
alquiler (m) (dinero)	**renda** (f) **de casa**	['ʀẽdɐ də 'kazɐ]
alquilar (~ una casa)	**alugar** (vt)	[ɐlu'gaɾ]
precio (m)	**preço** (m)	['pɾesu]

coste (m)	**custo** (m)	['kuʃtu]
suma (f)	**soma** (f)	['somɐ]
gastar (vt)	**gastar** (vt)	[gɐ'ʃtaɾ]
gastos (m pl)	**gastos** (m pl)	['gaʃtuʃ]
economizar (vi, vt)	**economizar** (vi)	[ekɔnumi'zaɾ]
económico (adj)	**económico**	[eku'nɔmiku]
pagar (vi, vt)	**pagar** (vt)	[pɐ'gaɾ]
pago (m)	**pagamento** (m)	[pɐgɐ'mẽtu]
cambio (m) (devolver el ~)	**troco** (m)	['troku]
impuesto (m)	**imposto** (m)	[ĩ'poʃtu]
multa (f)	**multa** (f)	['multɐ]
multar (vt)	**multar** (vt)	[mul'taɾ]

42. La oficina de correos

oficina (f) de correos	**correios** (m pl)	[ku'ʀɐjuʃ]
correo (m) (cartas, etc.)	**correio** (m)	[ku'ʀɐju]
cartero (m)	**carteiro** (m)	[kɐɾ'tɐjɾu]
horario (m) de apertura	**horário** (m)	[ɔ'raɾiu]
carta (f)	**carta** (f)	['kartɐ]
carta (f) certificada	**carta** (f) **registada**	['kartɐ ʀəʒi'ʃtadɐ]
tarjeta (f) postal	**postal** (m)	[pu'ʃtal]
telegrama (m)	**telegrama** (m)	[tələ'gremɐ]
paquete (m) postal	**encomenda** (f) **postal**	[ẽku'mẽdɐ pu'ʃtal]
giro (m) postal	**remessa** (f) **de dinheiro**	[ʀə'mɛsɐ də di'ɲɐjɾu]
recibir (vt)	**receber** (vt)	[ʀəsə'beɾ]
enviar (vt)	**enviar** (vt)	[ẽ'vjaɾ]
envío (m)	**envio** (m)	[ẽ'viu]
dirección (f)	**endereço** (m)	[ẽdə'resu]
código (m) postal	**código** (m) **postal**	['kɔdigu pu'ʃtal]
expedidor (m)	**remetente** (m)	[ʀəmə'tẽtə]
destinatario (m)	**destinatário** (m)	[dəʃtinɐ'taɾiu]
nombre (m)	**nome** (m)	['nomə]
apellido (m)	**apelido** (m)	[ɐpə'lidu]
tarifa (f)	**tarifa** (f)	[tɐ'rifɐ]
ordinario (adj)	**ordinário**	[ɔɾdi'naɾiu]
económico (adj)	**económico**	[eku'nɔmiku]
peso (m)	**peso** (m)	['pezu]
pesar (~ una carta)	**pesar** (vt)	[pə'zaɾ]
sobre (m)	**envelope** (m)	[ẽvə'lɔpə]
sello (m)	**selo** (m)	['selu]
poner un sello	**colar o selo**	[ku'lar u 'selu]

43. La banca

banco (m)	**banco** (m)	['bãku]
sucursal (f)	**sucursal, balcão** (f)	[sukur'sal], [ba'lkãu]
consultor (m)	**consultor** (m)	[kõsul'tor]
gerente (m)	**gerente** (m)	[ʒə'rẽtə]
cuenta (f)	**conta** (f)	['kõtɐ]
numero (m) de la cuenta	**número** (m) **da conta**	['numəru dɐ 'kõtɐ]
cuenta (f) corriente	**conta** (f) **corrente**	['kõtɐ ku'ʀẽtə]
cuenta (f) de ahorros	**conta** (f) **poupança**	['kõtɐ po'pãsɐ]
abrir una cuenta	**abrir uma conta**	[ɐ'brir 'umɐ 'kõtɐ]
cerrar la cuenta	**fechar uma conta**	[fə'ʃar 'umɐ 'kõtɐ]
ingresar en la cuenta	**depositar na conta**	[dəpuzi'tar nɐ 'kõtɐ]
sacar de la cuenta	**levantar** (vt)	[ləvã'tar]
depósito (m)	**depósito** (m)	[də'pɔzitu]
hacer un depósito	**fazer um depósito**	[fɐ'zer ũ də'pɔzitu]
giro (m) bancario	**transferência** (f) **bancária**	[trãʃfə'rẽsiɐ bã'kariɐ]
hacer un giro	**transferir** (vt)	[trãʃfə'rir]
suma (f)	**soma** (f)	['somɐ]
¿Cuánto?	**Quanto?**	[ku'ãtu]
firma (f) (nombre)	**assinatura** (f)	[ɐsinɐ'turɐ]
firmar (vt)	**assinar** (vt)	[ɐsi'nar]
tarjeta (f) de crédito	**cartão** (m) **de crédito**	[kɐr'tãu də 'krɛditu]
código (m)	**código** (m)	['kɔdigu]
número (m) de tarjeta de crédito	**número** (m) **do cartão de crédito**	['numəru du kɐr'tãu də 'krɛditu]
cajero (m) automático	**Caixa Multibanco** (m)	['kaɪʃɐ multi'bãku]
cheque (m)	**cheque** (m)	['ʃɛkə]
sacar un cheque	**passar um cheque**	[pɐ'sar ũ 'ʃɛkə]
talonario (m)	**livro** (m) **de cheques**	['livru də 'ʃɛkəʃ]
crédito (m)	**empréstimo** (m)	[ẽ'prɛʃtimu]
pedir el crédito	**pedir um empréstimo**	[pə'dir un ẽ'prɛʃtimu]
obtener un crédito	**obter um empréstimo**	[ɔb'ter un ẽp'rɛʃtimu]
conceder un crédito	**conceder um empréstimo**	[kõsə'der un ẽp'rɛʃtimu]
garantía (f)	**garantia** (f)	[gɐrã'tiɐ]

44. El teléfono. Las conversaciones telefónicas

teléfono (m)	**telefone** (m)	[tələ'fɔnə]
teléfono (m) móvil	**telemóvel** (m)	[tɛlɛ'mɔvɛl]

contestador (m)	**secretária** (f) **eletrónica**	[səkrə'tariɐ elɛ'trɔnikɐ]
llamar, telefonear	**fazer uma chamada**	[fɐ'zer 'umɐ ʃɐ'madɐ]
llamada (f)	**chamada** (f)	[ʃɐ'madɐ]
marcar un número	**marcar um número**	[mɐr'kar ũ 'numəru]
¿Sí?, ¿Dígame?	**Alô!**	[ɐ'lo]
preguntar (vt)	**perguntar** (vt)	[pərgũ'tar]
responder (vi, vt)	**responder** (vt)	[ʀəʃpõ'der]
oír (vt)	**ouvir** (vt)	[o'vir]
bien (adv)	**bem**	[bẽʲ]
mal (adv)	**mal**	[mal]
ruidos (m pl)	**ruído** (m)	[ʀu'idu]
auricular (m)	**auscultador** (m)	[auʃkultɐ'dor]
descolgar (el teléfono)	**pegar o telefone**	[pə'gar u tələ'fɔnə]
colgar el auricular	**desligar** (vi)	[dəʒli'gar]
ocupado (adj)	**ocupado**	[ɔku'padu]
sonar (teléfono)	**tocar** (vi)	[tu'kar]
guía (f) de teléfonos	**lista** (f) **telefónica**	['liʃtɐ tələ'fɔnikɐ]
local (adj)	**local**	[lu'kal]
llamada (f) local	**chamada** (f) **local**	[ʃɐ'madɐ lu'kal]
de larga distancia	**de longa distância**	[də 'lõgɐ di'ʃtãsiɐ]
llamada (f) de larga distancia	**chamada** (f) **de longa distância**	[ʃa'mada də 'lõgɐ di'ʃtãsiɐ]
internacional (adj)	**internacional**	[ĩtərnɐsiu'nal]
llamada (f) internacional	**chamada** (f) **internacional**	[ʃɐ'madɐ ĩtərnɐsiu'nal]

45. El teléfono celular

teléfono (m) móvil	**telemóvel** (m)	[tɛlɛ'mɔvɛl]
pantalla (f)	**ecrã** (m)	[ɛ'krã]
botón (m)	**botão** (m)	[bu'tãu]
tarjeta SIM (f)	**cartão SIM** (m)	[kɐr'tãu sim]
pila (f)	**bateria** (f)	[bɐtə'riɐ]
descargarse (vr)	**descarregar-se**	[dəʃkɐʀə'garsə]
cargador (m)	**carregador** (m)	[kɐʀəgɐ'dor]
menú (m)	**menu** (m)	[mɛ'nu]
preferencias (f pl)	**definições** (f pl)	[dəfini'soɪʃ]
melodía (f)	**melodia** (f)	[məlu'diɐ]
seleccionar (vt)	**escolher** (vt)	[əʃku'ʎer]
calculadora (f)	**calculadora** (f)	[kalkulɐ'dorɐ]
contestador (m)	**correio** (m) **de voz**	[ku'ʀɐju də vɔʃ]
despertador (m)	**despertador** (m)	[dəʃpərtɐ'dor]

contactos (m pl)	**contatos** (m pl)	[kõ'tatuʃ]
mensaje (m) de texto	**mensagem** (f) **de texto**	[mẽ'saʒẽʲ də 'tɛʃtu]
abonado (m)	**assinante** (m)	[ɐsi'nãtə]

46. Los artículos de escritorio. La papelería

bolígrafo (m)	**caneta** (f)	[kɐ'netɐ]
pluma (f) estilográfica	**caneta** (f) **tinteiro**	[kɐ'netɐ tĩ'tɐjru]
lápiz (m)	**lápis** (m)	['lapiʃ]
marcador (m)	**marcador** (m)	[mɐrkɐ'dor]
rotulador (m)	**caneta** (f) **de feltro**	[kɐ'netɐ də 'feltru]
bloc (m) de notas	**bloco** (m) **de notas**	['blɔku də 'nɔtɐʃ]
agenda (f)	**agenda** (f)	[ɐ'ʒẽdɐ]
regla (f)	**régua** (f)	['ʀɛguɐ]
calculadora (f)	**calculadora** (f)	[kalkulɐ'dorɐ]
goma (f) de borrar	**borracha** (f)	[bu'ʀaʃɐ]
chincheta (f)	**pionés** (m)	[piu'nɛʃ]
clip (m)	**clipe** (m)	['klipə]
cola (f), pegamento (m)	**cola** (f)	['kɔlɐ]
grapadora (f)	**agrafador** (m)	[ɐgrɐfɐ'dor]
perforador (m)	**furador** (m)	[furɐ'dor]
sacapuntas (m)	**afia-lápis** (m)	[ɐ'fiɐ 'lapiʃ]

47. Los idiomas extranjeros

lengua (f)	**língua** (f)	['lĩguɐ]
extranjero (adj)	**estrangeiro**	[əʃtrã'ʒɐjru]
lengua (f) extranjera	**língua** (f) **estrangeira**	['lĩguɐ əʃtrã'ʒɐjrɐ]
estudiar (vt)	**estudar** (vt)	[əʃtu'dar]
aprender (ingles, etc.)	**aprender** (vt)	[ɐprẽ'der]
leer (vi, vt)	**ler** (vt)	[ler]
hablar (vi, vt)	**falar** (vi)	[fɐ'lar]
comprender (vt)	**compreender** (vt)	[kõpriẽ'der]
escribir (vt)	**escrever** (vt)	[əʃkrə'ver]
rápidamente (adv)	**rapidamente**	[ʀapidɐ'mẽtə]
lentamente (adv)	**devagar**	[dəvɐ'gar]
con fluidez (adv)	**fluentemente**	[fluẽtə'mẽtə]
reglas (f pl)	**regras** (f pl)	['ʀɛgrɐʃ]
gramática (f)	**gramática** (f)	[grɐ'matikɐ]
vocabulario (m)	**vocabulário** (m)	[vokabu'larju]
fonética (f)	**fonética** (f)	[fɔ'nɛtikɐ]

manual (m)	**manual** (m)	[mɐnu'al]
diccionario (m)	**dicionário** (m)	[disiu'nariu]
manual (m) autodidáctico	**manual** (m) **de autoaprendizagem**	[mɐnu'al də 'autɔɐprẽdi'zaʒẽ]
guía (f) de conversación	**guia** (m) **de conversação**	['giɐ də kõvərsɐ'sãu]
casete (m)	**cassete** (f)	[ka'sɛtə]
videocasete (f)	**vídeo cassete** (m)	['vidiu ka'sɛtə]
disco compacto, CD (m)	**CD, disco** (m) **compacto**	['sɛdɛ], ['diʃku kõ'paktu]
DVD (m)	**DVD** (m)	[dɛvɛ'dɛ]
alfabeto (m)	**alfabeto** (m)	[alfɐ'bɛtu]
deletrear (vt)	**soletrar** (vt)	[sulə'trar]
pronunciación (f)	**pronúncia** (f)	[pru'nũsiɐ]
acento (m)	**sotaque** (m)	[su'takə]
con acento	**com sotaque**	[kõ su'takə]
sin acento	**sem sotaque**	[sẽ su'takə]
palabra (f)	**palavra** (f)	[pɐ'lavrɐ]
significado (m)	**sentido** (m)	[sẽ'tidu]
cursos (m pl)	**cursos** (m pl)	['kursuʃ]
inscribirse (vr)	**inscrever-se** (vr)	[ĩʃkrə'versə]
profesor (m) (~ de inglés)	**professor** (m)	[prufə'sor]
traducción (f) (proceso)	**tradução** (f)	[trɐdu'sãu]
traducción (f) (texto)	**tradução** (f)	[trɐdu'sãu]
traductor (m)	**tradutor** (m)	[trɐdu'tor]
intérprete (m)	**intérprete** (m)	[ĩ'tɛrprətə]
políglota (m)	**poliglota** (m)	[pɔli'glɔtɐ]
memoria (f)	**memória** (f)	[mə'mɔriɐ]

LAS COMIDAS. EL RESTAURANTE

T&P Books Publishing

48. Los cubiertos

cuchara (f)	**colher** (f)	[ku'ʎɛr]
cuchillo (m)	**faca** (f)	['fakɐ]
tenedor (m)	**garfo** (m)	['garfu]
taza (f)	**chávena** (f)	['ʃavənɐ]
plato (m)	**prato** (m)	['pratu]
platillo (m)	**pires** (m)	['pirəʃ]
servilleta (f)	**guardanapo** (m)	[guɐrdɐ'napu]
mondadientes (m)	**palito** (m)	[pɐ'litu]

49. El restaurante

restaurante (m)	**restaurante** (m)	[ʀəʃtau'rãtə]
cafetería (f)	**café** (m)	[kɐ'fɛ]
bar (m)	**bar** (m), **cervejaria** (f)	[bar], [sərvəʒɐ'riɐ]
salón (m) de té	**salão** (m) **de chá**	[sɐ'lãu də ʃa]
camarero (m)	**empregado** (m)	[ẽprə'gadu]
camarera (f)	**empregada** (f)	[ẽprə'gadɐ]
barman (m)	**barman** (m)	['barmɐn]
carta (f), menú (m)	**ementa** (f)	[e'mẽtɐ]
carta (f) de vinos	**lista** (f) **de vinhos**	['liʃtɐ də 'viɲuʃ]
reservar una mesa	**reservar uma mesa**	[ʀəzər'var 'umɐ 'mezɐ]
plato (m)	**prato** (m)	['pratu]
pedir (vt)	**pedir** (vt)	[pə'dir]
hacer un pedido	**pedir** (vi)	[pə'dir]
aperitivo (m)	**aperitivo** (m)	[ɐpəri'tivu]
entremés (m)	**entrada** (f)	[ẽ'tradɐ]
postre (m)	**sobremesa** (f)	[sobrə'mezɐ]
cuenta (f)	**conta** (f)	['kõtɐ]
pagar la cuenta	**pagar a conta**	[pɐ'gar ɐ 'kõtɐ]
dar la vuelta	**dar o troco**	[dar u 'troku]
propina (f)	**gorjeta** (f)	[gur'ʒetɐ]

50. Las comidas

comida (f)	**comida** (f)	[ku'midɐ]
comer (vi, vt)	**comer** (vt)	[ku'mer]

desayuno (m)	**pequeno-almoço** (m)	[pə'kenu al'mosu]
desayunar (vi)	**tomar o pequeno-almoço**	[tu'mar u pə'kenu al'mosu]
almuerzo (m)	**almoço** (m)	[al'mosu]
almorzar (vi)	**almoçar** (vi)	[almu'sar]
cena (f)	**jantar** (m)	[ʒã'tar]
cenar (vi)	**jantar** (vi)	[ʒã'tar]
apetito (m)	**apetite** (m)	[ɐpə'titə]
¡Que aproveche!	**Bom apetite!**	[bõ ɐpə'titə]
abrir (vt)	**abrir** (vt)	[ɐ'brir]
derramar (líquido)	**derramar** (vt)	[dəʀɐ'mar]
derramarse (líquido)	**derramar-se** (vr)	[dəʀɐ'marsə]
hervir (vi)	**ferver** (vi)	[fər'ver]
hervir (vt)	**ferver** (vt)	[fər'ver]
hervido (agua ~a)	**fervido**	[fər'vidu]
enfriar (vt)	**arrefecer** (vt)	[ɐʀəfə'ser]
enfriarse (vr)	**arrefecer-se** (vr)	[ɐʀəfə'sersə]
sabor (m)	**sabor, gosto** (m)	[sɐ'bor], ['goʃtu]
regusto (m)	**gostinho** (m)	[gu'ʃtiɲu]
adelgazar (vi)	**fazer dieta**	[fɐ'zer di'ɛtɐ]
dieta (f)	**dieta** (f)	[di'ɛtɐ]
vitamina (f)	**vitamina** (f)	[vitɐ'minɐ]
caloría (f)	**caloria** (f)	[kɐlu'riɐ]
vegetariano (m)	**vegetariano** (m)	[vəʒətɐ'rjɐnu]
vegetariano (adj)	**vegetariano**	[vəʒətɐ'rjɐnu]
grasas (f pl)	**gorduras** (f pl)	[gur'durɐʃ]
proteínas (f pl)	**proteínas** (f pl)	[prɔtɐ'inɐʃ]
carbohidratos (m pl)	**carboidratos** (m pl)	[kɐrbuid'ratuʃ]
loncha (f)	**fatia** (f)	[fɐ'tiɐ]
pedazo (m)	**bocado, pedaço** (m)	[bu'kadu], [pə'dasu]
miga (f)	**migalha** (f)	[mi'gaʎɐ]

51. Los platos

plato (m)	**prato** (m)	['pratu]
cocina (f)	**cozinha** (f)	[ku'ziɲɐ]
receta (f)	**receita** (f)	[ʀə'sɐjtɐ]
porción (f)	**porção** (f)	[pur'sãu]
ensalada (f)	**salada** (f)	[sɐ'ladɐ]
sopa (f)	**sopa** (f)	['sopɐ]
caldo (m)	**caldo** (m)	['kaldu]
bocadillo (m)	**sandes** (f)	['sãdəʃ]
huevos (m pl) fritos	**ovos** (m pl) **estrelados**	['ɔvuʃ əʃtrə'laduʃ]

hamburguesa (f)	**hambúrguer** (m)	[ã'burgɛr]
bistec (m)	**bife** (m)	['bifə]
guarnición (f)	**conduto** (m)	[kõ'dutu]
espagueti (m)	**espaguete** (m)	[əʃpɐ'getə]
puré (m) de patatas	**puré** (m) **de batata**	[pu'rɛ də bɐ'tatɐ]
pizza (f)	**pizza** (f)	['pitzɐ]
gachas (f pl)	**papa** (f)	['papɐ]
tortilla (f) francesa	**omelete** (f)	[ɔmə'lɛtə]
cocido en agua (adj)	**cozido**	[ku'zidu]
ahumado (adj)	**fumado**	[fu'madu]
frito (adj)	**frito**	['fritu]
seco (adj)	**seco**	['seku]
congelado (adj)	**congelado**	[kõʒə'ladu]
marinado (adj)	**em conserva**	[ẽ kõ'sɛrvɐ]
azucarado, dulce (adj)	**doce, açucarado**	['dosə], [ɐsukɐ'radu]
salado (adj)	**salgado**	[sa'lgadu]
frío (adj)	**frio**	['friu]
caliente (adj)	**quente**	['kẽtə]
amargo (adj)	**amargo**	[ɐ'margu]
sabroso (adj)	**gostoso**	[gu'ʃtozu]
cocer en agua	**cozinhar em água a ferver**	[kuzi'ɲar ɛn 'aguɐ ɐ fər'ver]
preparar (la cena)	**preparar** (vt)	[prəpɐ'rar]
freír (vt)	**fritar** (vt)	[fri'tar]
calentar (vt)	**aquecer** (vt)	[ɐkɛ'ser]
salar (vt)	**salgar** (vt)	[sa'lgar]
poner pimienta	**apimentar** (vt)	[ɐpimẽ'tar]
rallar (vt)	**ralar** (vt)	[ʀɐ'lar]
piel (f)	**casca** (f)	['kaʃkɐ]
pelar (vt)	**descascar** (vt)	[dəʃkɐ'ʃkar]

52. La comida

carne (f)	**carne** (f)	['karnə]
gallina (f)	**galinha** (f)	[gɐ'liɲɐ]
pollo (m)	**frango** (m)	['frãgu]
pato (m)	**pato** (m)	['patu]
ganso (m)	**ganso** (m)	['gãsu]
caza (f) menor	**caça** (f)	['kasɐ]
pava (f)	**peru** (m)	[pə'ru]
carne (f) de cerdo	**carne** (f) **de porco**	['karnə də 'porku]
carne (f) de ternera	**carne** (f) **de vitela**	['karnə də vi'tɛlɐ]
carne (f) de carnero	**carne** (f) **de carneiro**	['karnə də kɐr'nɐjru]
carne (f) de vaca	**carne** (f) **de vaca**	['karnə də 'vakɐ]

conejo (m)	**carne** (f) **de coelho**	['karnə də ku'ɐʎu]
salchichón (m)	**chouriço, salsichão** (m)	[ʃo'risu], [salsi'ʃãu]
salchicha (f)	**salsicha** (f)	[sa'lsiʃɐ]
beicon (m)	**bacon** (m)	['bɐjkɐn]
jamón (m)	**fiambre** (f)	['fjãbrə]
jamón (m) fresco	**presunto** (m)	[prə'zũtu]
paté (m)	**patê** (m)	[pɐ'te]
hígado (m)	**fígado** (m)	['figɐdu]
carne (f) picada	**carne** (f) **moída**	['karnə mu'idɐ]
lengua (f)	**língua** (f)	['lĩguɐ]
huevo (m)	**ovo** (m)	['ovu]
huevos (m pl)	**ovos** (m pl)	['ɔvuʃ]
clara (f)	**clara** (f) **do ovo**	['klarɐ du 'ovu]
yema (f)	**gema** (f) **do ovo**	['ʒemɐ du 'ovu]
pescado (m)	**peixe** (m)	['pɐɪʃə]
mariscos (m pl)	**mariscos** (m pl)	[mɐ'riʃkuʃ]
crustáceos (m pl)	**crustáceos** (m pl)	[kru'ʃtasiuʃ]
caviar (m)	**caviar** (m)	[ka'vjar]
cangrejo (m) de mar	**caranguejo** (m)	[kɐrã'gɐʒu]
camarón (m)	**camarão** (m)	[kɐmɐ'rãu]
ostra (f)	**ostra** (f)	['ɔʃtrɐ]
langosta (f)	**lagosta** (f)	[lɐ'goʃtɐ]
pulpo (m)	**polvo** (m)	['polvu]
calamar (m)	**lula** (f)	['lulɐ]
esturión (m)	**esturjão** (m)	[əʃtur'ʒãu]
salmón (m)	**salmão** (m)	[sal'mãu]
fletán (m)	**halibute** (m)	[ali'butə]
bacalao (m)	**bacalhau** (m)	[bɐkɐ'ʎau]
caballa (f)	**cavala, sarda** (f)	[kɐ'valɐ], ['sardɐ]
atún (m)	**atum** (m)	[ɐ'tũ]
anguila (f)	**enguia** (f)	[ẽ'giɐ]
trucha (f)	**truta** (f)	['trutɐ]
sardina (f)	**sardinha** (f)	[sɐr'diɲɐ]
lucio (m)	**lúcio** (m)	['lusiu]
arenque (m)	**arenque** (m)	[ɐ'rẽkə]
pan (m)	**pão** (m)	['pãu]
queso (m)	**queijo** (m)	['kɐjʒu]
azúcar (m)	**açúcar** (m)	[ɐ'sukar]
sal (f)	**sal** (m)	[sal]
arroz (m)	**arroz** (m)	[ɐ'ʀɔʒ]
macarrones (m pl)	**massas** (f pl)	['masɐʃ]
tallarines (m pl)	**talharim** (m)	[tɐʎɐ'rĩ]
mantequilla (f)	**manteiga** (f)	[mã'tɐjgɐ]

aceite (m) vegetal	**óleo** (m) **vegetal**	['ɔliu vəʒə'tal]
aceite (m) de girasol	**óleo** (m) **de girassol**	['ɔliu də ʒirɐ'sɔl]
margarina (f)	**margarina** (f)	[mɐrgɐ'rinɐ]
olivas, aceitunas (f pl)	**azeitonas** (f pl)	[ɐzɐj'tonɐʒ]
aceite (m) de oliva	**azeite** (m)	[ɐ'zɐjtə]
leche (f)	**leite** (m)	['lɐjtə]
leche (f) condensada	**leite** (m) **condensado**	['lɐjtə kõdẽ'sadu]
yogur (m)	**iogurte** (m)	[jɔ'gurtə]
nata (f) agria	**nata** (f) **azeda**	['natɐ ɐ'zedɐ]
nata (f) líquida	**nata** (f) **do leite**	['natɐ du 'lɐjtə]
mayonesa (f)	**maionese** (f)	[maju'nezə]
crema (f) de mantequilla	**creme** (m)	['krɛmə]
cereales (m pl) integrales	**grãos** (m pl) **de cereais**	['grãuʃ də sə'rjaɪʃ]
harina (f)	**farinha** (f)	[fɐ'riɲɐ]
conservas (f pl)	**enlatados** (m pl)	[ẽlɐ'taduʃ]
copos (m pl) de maíz	**flocos** (m pl) **de milho**	['flɔkuʃ də 'miʎu]
miel (f)	**mel** (m)	[mɛl]
confitura (f)	**doce** (m)	['dosə]
chicle (m)	**pastilha** (f) **elástica**	[pɐ'ʃtiʎɐ e'laʃtikɐ]

53. Las bebidas

agua (f)	**água** (f)	['aguɐ]
agua (f) potable	**água** (f) **potável**	['aguɐ pu'tavɛl]
agua (f) mineral	**água** (f) **mineral**	['aguɐ minə'ral]
sin gas	**sem gás**	[sẽʲ gaʃ]
gaseoso (adj)	**gaseificada**	[gɐziifi'kadɐ]
con gas	**com gás**	[kõ gaʃ]
hielo (m)	**gelo** (m)	['ʒelu]
con hielo	**com gelo**	[kõ 'ʒelu]
sin alcohol	**sem álcool**	[sɛm 'alkuɔl]
bebida (f) sin alcohol	**bebida** (f) **sem álcool**	[bə'bidɐ sɛn 'alkuɔl]
refresco (m)	**refresco** (m)	[ʀə'freʃku]
limonada (f)	**limonada** (f)	[limu'nadɐ]
bebidas (f pl) alcohólicas	**bebidas** (f pl) **alcoólicas**	[bə'bidɐʃ alku'ɔlikɐʃ]
vino (m)	**vinho** (m)	['viɲu]
vino (m) blanco	**vinho** (m) **branco**	['viɲu 'brãku]
vino (m) tinto	**vinho** (m) **tinto**	['viɲu 'tĩtu]
licor (m)	**licor** (m)	[li'kor]
champaña (f)	**champanhe** (m)	[ʃã'pɐɲə]
vermú (m)	**vermute** (m)	[vər'mutə]

whisky (m)	**uísque** (m)	[u'iʃkə]
vodka (m)	**vodca, vodka** (f)	['vɔdkɐ]
ginebra (f)	**gim** (m)	[ʒĩ]
coñac (m)	**conhaque** (m)	[ku'ɲakə]
ron (m)	**rum** (m)	[ʀũ]
café (m)	**café** (m)	[kɐ'fɛ]
café (m) solo	**café** (m) **puro**	[kɐ'fɛ 'puru]
café (m) con leche	**café** (m) **com leite**	[kɐ'fɛ kõ 'lɐjtə]
capuchino (m)	**cappuccino** (m)	[kapu'ʧinu]
café (m) soluble	**café** (m) **solúvel**	[kɐ'fɛ su'luvɛl]
leche (f)	**leite** (m)	['lɐjtə]
cóctel (m)	**coquetel** (m)	[kɔkə'tɛl]
batido (m)	**batido** (m) **de leite**	[bɐ'tidu də 'lɐjtə]
zumo (m), jugo (m)	**sumo** (m)	['sumu]
jugo (m) de tomate	**sumo** (m) **de tomate**	['sumu də tu'matə]
zumo (m) de naranja	**sumo** (m) **de laranja**	['sumu də lɐ'rãʒɐ]
zumo (m) fresco	**sumo** (m) **fresco**	['sumu 'freʃku]
cerveza (f)	**cerveja** (f)	[sər'vɐʒɐ]
cerveza (f) rubia	**cerveja** (f) **clara**	[sər'vɐʒɐ 'klarɐ]
cerveza (f) negra	**cerveja** (f) **preta**	[sər'vɐʒɐ 'pretɐ]
té (m)	**chá** (m)	[ʃa]
té (m) negro	**chá** (m) **preto**	[ʃa 'pretu]
té (m) verde	**chá** (m) **verde**	[ʃa 'verdə]

54. Las verduras

legumbres (f pl)	**legumes** (m pl)	[lə'guməʃ]
verduras (f pl)	**verduras** (f pl)	[vər'durɐʃ]
tomate (m)	**tomate** (m)	[tu'matə]
pepino (m)	**pepino** (m)	[pə'pinu]
zanahoria (f)	**cenoura** (f)	[sə'norɐ]
patata (f)	**batata** (f)	[bɐ'tatɐ]
cebolla (f)	**cebola** (f)	[sə'bolɐ]
ajo (m)	**alho** (m)	['aʎu]
col (f)	**couve** (f)	['kovə]
coliflor (f)	**couve-flor** (f)	['kovə 'flor]
col (f) de Bruselas	**couve-de-bruxelas** (f)	['kovə də bru'ʃɛlɐʃ]
brócoli (m)	**brócolos** (m pl)	['brɔkuluʃ]
remolacha (f)	**beterraba** (f)	[bətə'ʀabɐ]
berenjena (f)	**beringela** (f)	[bərĩ'ʒɛlɐ]
calabacín (m)	**curgete** (f)	[kur'ʒɛtə]
calabaza (f)	**abóbora** (f)	[ɐ'bɔburɐ]

nabo (m)	**nabo** (m)	['nabu]
perejil (m)	**salsa** (f)	['salsɐ]
eneldo (m)	**funcho, endro** (m)	['fũʃu], ['ẽdru]
lechuga (f)	**alface** (f)	[al'fasə]
apio (m)	**aipo** (m)	['ajpu]
espárrago (m)	**espargo** (m)	[ə'ʃpargu]
espinaca (f)	**espinafre** (m)	[əʃpi'nafrə]
guisante (m)	**ervilha** (f)	[er'viʎɐ]
habas (f pl)	**fava** (f)	['favɐ]
maíz (m)	**milho** (m)	['miʎu]
fréjol (m)	**feijão** (m)	[fɐj'ʒãu]
pimiento (m) dulce	**pimentão** (m)	[pimẽ'tãu]
rábano (m)	**rabanete** (m)	[ʀɐbɐ'netə]
alcachofa (f)	**alcachofra** (f)	[alkɐ'ʃofrɐ]

55. Las frutas. Las nueces

fruto (m)	**fruta** (f)	['frutɐ]
manzana (f)	**maçã** (f)	[mɐ'sã]
pera (f)	**pera** (f)	['perɐ]
limón (m)	**limão** (m)	[li'mãu]
naranja (f)	**laranja** (f)	[lɐ'rãʒɐ]
fresa (f)	**morango** (m)	[mu'rãgu]
mandarina (f)	**tangerina** (f)	[tãʒə'rinɐ]
ciruela (f)	**ameixa** (f)	[ɐ'mejʃɐ]
melocotón (m)	**pêssego** (m)	['pesəgu]
albaricoque (m)	**damasco** (m)	[dɐ'maʃku]
frambuesa (f)	**framboesa** (f)	[frãbu'ezɐ]
piña (f)	**ananás** (m)	[ɐnɐ'naʃ]
banana (f)	**banana** (f)	[bɐ'nɐnɐ]
sandía (f)	**melancia** (f)	[məlã'siɐ]
uva (f)	**uva** (f)	['uvɐ]
guinda (f)	**ginja** (f)	['ʒĩʒɐ]
cereza (f)	**cereja** (f)	[sə'rɐʒɐ]
melón (m)	**meloa** (f), **melão** (m)	[mə'loɐ], [mə'lãu]
pomelo (m)	**toranja** (f)	[tu'rãʒɐ]
aguacate (m)	**abacate** (m)	[ɐbɐ'katə]
papaya (f)	**papaia** (f), **mamão** (m)	[pɐ'pajɐ], [mɐ'mãu]
mango (m)	**manga** (f)	['mãgɐ]
granada (f)	**romã** (f)	[ʀu'mã]
grosella (f) roja	**groselha** (f) **vermelha**	[gru'zɐʎɐ vər'mɐʎɐ]
grosella (f) negra	**groselha** (f) **preta**	[gru'zɐʎɐ 'pretɐ]
grosella (f) espinosa	**groselha** (f) **espinhosa**	[gru'zɐʎɐ əʃpi'ɲɔzɐ]
arándano (m)	**mirtilo** (m)	[mir'tilu]

zarzamoras (f pl) **amora silvestre** (f) [ɐ'mɔrɐ sil'vɛʃtrə]
pasas (f pl) **uvas** (f pl) **passas** ['uvɐʃ 'pasɐʃ]
higo (m) **figo** (m) ['figu]
dátil (m) **tâmara** (f) ['tɐmɐrɐ]

cacahuete (m) **amendoim** (m) [ɐmẽdu'ĩ]
almendra (f) **amêndoa** (f) [ɐ'mẽduɐ]
nuez (f) **noz** (f) [nɔʒ]
avellana (f) **avelã** (f) [ɐvə'lã]
nuez (f) de coco **coco** (m) ['koku]
pistachos (m pl) **pistáchios** (m pl) [pi'ʃtaʃiuʃ]

56. El pan. Los dulces

pasteles (m pl) **pastelaria** (f) [pɐʃtəlɐ'riɐ]
pan (m) **pão** (m) ['pãu]
galletas (f pl) **bolacha** (f) [bu'laʃɐ]

chocolate (m) **chocolate** (m) [ʃuku'latə]
de chocolate (adj) **de chocolate** [də ʃuku'latə]
caramelo (m) **rebuçado** (m) [ʀəbu'sadu]
tarta (f) (pequeña) **bolo** (m) ['bolu]
tarta (f) (~ de cumpleaños) **bolo** (m) **de aniversário** ['bolu də ɐnivər'sariu]

tarta (f) (~ de manzana) **tarte** (f) ['tartə]
relleno (m) **recheio** (m) [ʀə'ʃɐju]

confitura (f) **doce** (m) ['dosə]
mermelada (f) **geleia** (f) **de frutas** [ʒə'lɐjɐ də 'frutɐʃ]
gofre (m) **waffle** (m) ['wɐjfəl]
helado (m) **gelado** (m) [ʒə'ladu]
pudin (m) **pudim** (m) [pu'dĩ]

57. Las especias

sal (f) **sal** (m) [sal]
salado (adj) **salgado** [sa'lgadu]
salar (vt) **salgar** (vt) [sa'lgar]

pimienta (f) negra **pimenta** (f) **preta** [pi'mẽtɐ 'pretɐ]
pimienta (f) roja **pimenta** (f) **vermelha** [pi'mẽtɐ vər'mɐʎɐ]
mostaza (f) **mostarda** (f) [mu'ʃtardɐ]
rábano (m) picante **raiz-forte** (f) [ʀɐ'iʃ 'fɔrtə]

condimento (m) **condimento** (m) [kõdi'mẽtu]
especia (f) **especiaria** (f) [əʃpəsiɐ'riɐ]
salsa (f) **molho** (m) ['moʎu]
vinagre (m) **vinagre** (m) [vi'nagrə]

anís (m)	**anis** (m)	[ɐ'niʃ]
albahaca (f)	**manjericão** (m)	[mãʒəri'kãu]
clavo (m)	**cravo** (m)	['kravu]
jengibre (m)	**gengibre** (m)	[ʒẽ'ʒibrə]
cilantro (m)	**coentro** (m)	[ku'ẽtru]
canela (f)	**canela** (f)	[kɐ'nɛlɐ]
sésamo (m)	**sésamo** (m)	['sɛzɐmu]
hoja (f) de laurel	**folhas** (f pl) **de louro**	['foʎɐʃ də 'loru]
paprika (f)	**páprica** (f)	['paprikɐ]
comino (m)	**cominho** (m)	[ku'miɲu]
azafrán (m)	**açafrão** (m)	[ɐsɐ'frãu]

LA INFORMACIÓN PERSONAL. LA FAMILIA

T&P Books Publishing

58. La información personal. Los formularios

nombre (m)	**nome** (m)	['nomə]
apellido (m)	**apelido** (m)	[ɐpə'lidu]
fecha (f) de nacimiento	**data** (f) **de nascimento**	['datɐ də nɐʃsi'mẽtu]
lugar (m) de nacimiento	**local** (m) **de nascimento**	[lu'kal də nɐʃsi'mẽtu]
nacionalidad (f)	**nacionalidade** (f)	[nɐsiunɐli'dadə]
domicilio (m)	**lugar** (m) **de residência**	[lu'gar də ʀəzi'dẽsiɐ]
país (m)	**país** (m)	[pɐ'iʃ]
profesión (f)	**profissão** (f)	[prufi'sãu]
sexo (m)	**sexo** (m)	['sɛksu]
estatura (f)	**estatura** (f)	[əʃtɐ'turɐ]
peso (m)	**peso** (m)	['pezu]

59. Los familiares. Los parientes

madre (f)	**mãe** (f)	[mẽʲ]
padre (m)	**pai** (m)	[paj]
hijo (m)	**filho** (m)	['fiʎu]
hija (f)	**filha** (f)	['fiʎɐ]
hija (f) menor	**filha** (f) **mais nova**	['fiʎɐ 'maɪʃ 'nɔvɐ]
hijo (m) menor	**filho** (m) **mais novo**	['fiʎu 'maɪʃ 'novu]
hija (f) mayor	**filha** (f) **mais velha**	['fiʎɐ 'maɪʃ 'vɛʎɐ]
hijo (m) mayor	**filho** (m) **mais velho**	['fiʎu 'maɪʃ 'vɛʎu]
hermano (m)	**irmão** (m)	[ir'mãu]
hermano (m) mayor	**irmão** (m) **mais velho**	[ir'mãu 'maɪʃ 'vɛʎu]
hermano (m) menor	**irmão** (m) **mais novo**	[ir'mãu 'maɪʃ 'novu]
hermana (f)	**irmã** (f)	[ir'mã]
hermana (f) mayor	**irmã** (f) **mais velha**	[ir'mã 'maɪʃ 'vɛʎɐ]
hermana (f) menor	**irmã** (f) **mais nova**	[ir'mã 'maɪʃ 'nɔvɐ]
primo (m)	**primo** (m)	['primu]
prima (f)	**prima** (f)	['primɐ]
mamá (f)	**mamã** (f)	[mɐ'mã]
papá (m)	**papá** (m)	[pɐ'pa]
padres (pl)	**pais** (pl)	['paɪʃ]
niño -a (m, f)	**criança** (f)	[kri'ãsɐ]
niños (pl)	**crianças** (f pl)	[kri'ãsɐʃ]
abuela (f)	**avó** (f)	[ɐ'vɔ]
abuelo (m)	**avô** (m)	[ɐ'vo]

nieto (m)	**neto** (m)	['nɛtu]
nieta (f)	**neta** (f)	['nɛtɐ]
nietos (pl)	**netos** (pl)	['nɛtuʃ]
tío (m)	**tio** (m)	['tiu]
tía (f)	**tia** (f)	['tiɐ]
sobrino (m)	**sobrinho** (m)	[su'briɲu]
sobrina (f)	**sobrinha** (f)	[su'briɲɐ]
suegra (f)	**sogra** (f)	['sɔgrɐ]
suegro (m)	**sogro** (m)	['sogru]
yerno (m)	**genro** (m)	['ʒẽʀu]
madrastra (f)	**madrasta** (f)	[mɐ'draʃtɐ]
padrastro (m)	**padrasto** (m)	[pɐ'draʃtu]
niño (m) de pecho	**criança** (f) **de colo**	[kri'ãsɐ də 'kɔlu]
bebé (m)	**bebé** (m)	[bə'bɛ]
chico (m)	**menino** (m)	[mə'ninu]
mujer (f)	**mulher** (f)	[mu'ʎɛr]
marido (m)	**marido** (m)	[mɐ'ridu]
esposo (m)	**esposo** (m)	[ə'ʃpozu]
esposa (f)	**esposa** (f)	[ə'ʃpozɐ]
casado (adj)	**casado**	[kɐ'zadu]
casada (adj)	**casada**	[kɐ'zadɐ]
soltero (adj)	**solteiro**	[sɔl'tɐjru]
soltero (m)	**solteirão** (m)	[sɔltɐj'rãu]
divorciado (adj)	**divorciado**	[divur'sjadu]
viuda (f)	**viúva** (f)	['vjuvɐ]
viudo (m)	**viúvo** (m)	['vjuvu]
pariente (m)	**parente** (m)	[pɐ'rẽtə]
pariente (m) cercano	**parente** (m) **próximo**	[pɐ'rẽtə 'prɔsimu]
pariente (m) lejano	**parente** (m) **distante**	[pɐ'rẽtə di'ʃtãtə]
parientes (pl)	**parentes** (m pl)	[pɐ'rẽtəʃ]
huérfano (m)	**órfão** (m)	['ɔrfãu]
huérfana (f)	**órfã** (f)	['ɔrfã]
tutor (m)	**tutor** (m)	[tu'tor]
adoptar (un niño)	**adotar** (vt)	[ɐdɔ'tar]
adoptar (una niña)	**adotar** (vt)	[ɐdɔ'tar]

60. Los amigos. Los compañeros del trabajo

amigo (m)	**amigo** (m)	[ɐ'migu]
amiga (f)	**amiga** (f)	[ɐ'migɐ]
amistad (f)	**amizade** (f)	[ɐmi'zadə]
ser amigo	**ser amigos**	[ser ɐ'miguʃ]
amigote (m)	**amigo** (m)	[ɐ'migu]

amiguete (f)	**amiga** (f)	[ɐ'migɐ]
compañero (m)	**parceiro** (m)	[pɐr'sɐjru]
jefe (m)	**chefe** (m)	['ʃɛfə]
superior (m)	**superior** (m)	[supə'rjor]
propietario (m)	**proprietário** (m)	[pruprie'tariu]
subordinado (m)	**subordinado** (m)	[suburdi'nadu]
colega (m, f)	**colega** (m)	[ku'lɛgɐ]
conocido (m)	**conhecido** (m)	[kuɲə'sidu]
compañero (m) de viaje	**companheiro** (m) **de viagem**	[kõpɐ'ɲɐjru də 'vjaʒẽʲ]
condiscípulo (m)	**colega** (m) **de classe**	[ku'lɛgɐ də 'klasə]
vecino (m)	**vizinho** (m)	[vi'ziɲu]
vecina (f)	**vizinha** (f)	[vi'ziɲɐ]
vecinos (pl)	**vizinhos** (pl)	[vi'ziɲuʃ]

EL CUERPO. LA MEDICINA

T&P Books Publishing

61. La cabeza

cabeza (f)	**cabeça** (f)	[kɐ'besɐ]
cara (f)	**cara** (f)	['karɐ]
nariz (f)	**nariz** (m)	[nɐ'riʒ]
boca (f)	**boca** (f)	['bokɐ]
ojo (m)	**olho** (m)	['oʎu]
ojos (m pl)	**olhos** (m pl)	['ɔʎuʃ]
pupila (f)	**pupila** (f)	[pu'pilɐ]
ceja (f)	**sobrancelha** (f)	[subrɐ̃'sɐʎɐ]
pestaña (f)	**pestana** (f)	[pə'ʃtɐnɐ]
párpado (m)	**pálpebra** (f)	['palpəbrɐ]
lengua (f)	**língua** (f)	['lĩguɐ]
diente (m)	**dente** (m)	['dẽtə]
labios (m pl)	**lábios** (m pl)	['labiuʃ]
pómulos (m pl)	**maçãs** (f pl) **do rosto**	[mɐ'sɐ̃ʃ du 'ʀoʃtu]
encía (f)	**gengiva** (f)	[ʒẽ'ʒivɐ]
paladar (m)	**palato** (m)	[pɐ'latu]
ventanas (f pl)	**narinas** (f pl)	[nɐ'rinɐʃ]
mentón (m)	**queixo** (m)	['kɐɪʃu]
mandíbula (f)	**mandíbula** (f)	[mɐ̃'dibulɐ]
mejilla (f)	**bochecha** (f)	[bu'ʃeʃɐ]
frente (f)	**testa** (f)	['tɛʃtɐ]
sien (f)	**têmpora** (f)	['tẽpurɐ]
oreja (f)	**orelha** (f)	[ɔ'rɐʎɐ]
nuca (f)	**nuca** (f)	['nukɐ]
cuello (m)	**pescoço** (m), **colo** (m)	[pə'ʃkosu], ['kɔlu]
garganta (f)	**garganta** (f)	[gɐr'gɐ̃tɐ]
pelo, cabello (m)	**cabelos** (m pl)	[kɐ'beluʃ]
peinado (m)	**penteado** (m)	[pẽ'tjadu]
corte (m) de pelo	**corte** (m) **de cabelo**	['kɔrtə də kɐ'belu]
peluca (f)	**peruca** (f)	[pə'rukɐ]
bigote (m)	**bigode** (m)	[bi'gɔdə]
barba (f)	**barba** (f)	['barbɐ]
tener (~ la barba)	**usar, ter** (vt)	[u'zar], [ter]
trenza (f)	**trança** (f)	['trɐ̃sɐ]
patillas (f pl)	**suíças** (f pl)	[su'isɐʃ]
pelirrojo (adj)	**ruivo**	['ʀujvu]
gris, canoso (adj)	**grisalho**	[gri'zaʎu]

calvo (adj)	**calvo**	['kalvu]
calva (f)	**calva** (f)	['kalvɐ]
cola (f) de caballo	**rabo-de-cavalo** (m)	[ʀabu də kɐ'valu]
flequillo (m)	**franja** (f)	['frãʒɐ]

62. El cuerpo

mano (f)	**mão** (f)	['mãu]
brazo (m)	**braço** (m)	['brasu]
dedo (m)	**dedo** (m)	['dedu]
dedo (m) del pie	**dedo** (m)	['dedu]
dedo (m) pulgar	**polegar** (m)	[pulə'gaɾ]
dedo (m) meñique	**dedo** (m) **mindinho**	['dedu mĩ'diɲu]
uña (f)	**unha** (f)	['uɲɐ]
puño (m)	**punho** (m)	['puɲu]
palma (f)	**palma** (f)	['palmɐ]
muñeca (f)	**pulso** (m)	['pulsu]
antebrazo (m)	**antebraço** (m)	[ãtə'brasu]
codo (m)	**cotovelo** (m)	[kutu'velu]
hombro (m)	**ombro** (m)	['õbru]
pierna (f)	**perna** (f)	['pɛrnɐ]
planta (f)	**pé** (m)	[pɛ]
rodilla (f)	**joelho** (m)	[ʒu'ɐʎu]
pantorrilla (f)	**barriga** (f) **da perna**	[bɐ'ʀigɐ dɐ 'pɛrnɐ]
cadera (f)	**anca** (f)	[ãkɐ]
talón (m)	**calcanhar** (m)	[kalkɐ'ɲaɾ]
cuerpo (m)	**corpo** (m)	['korpu]
vientre (m)	**barriga** (f)	[bɐ'ʀigɐ]
pecho (m)	**peito** (m)	['pɐjtu]
seno (m)	**seio** (m)	['sɐju]
lado (m), costado (m)	**lado** (m)	['ladu]
espalda (f)	**costas** (f pl)	['kɔʃtɐʃ]
zona (f) lumbar	**região** (f) **lombar**	[ʀə'ʒjãu lõ'baɾ]
cintura (f), talle (m)	**cintura** (f)	[sĩ'turɐ]
ombligo (m)	**umbigo** (m)	[ũ'bigu]
nalgas (f pl)	**nádegas** (f pl)	['nadəgɐʃ]
trasero (m)	**traseiro** (m)	[trɐ'zɐjru]
lunar (m)	**sinal** (m)	[si'nal]
marca (f) de nacimiento	**sinal** (m) **de nascença**	[si'nal də nɐ'ʃsẽsɐ]
tatuaje (m)	**tatuagem** (f)	[tɐtu'aʒẽʲ]
cicatriz (f)	**cicatriz** (f)	[sikɐ'triʒ]

63. Las enfermedades

enfermedad (f)	**doença** (f)	[du'ẽsɐ]
estar enfermo	**estar doente**	[ə'ʃtar du'ẽtə]
salud (f)	**saúde** (f)	[sɐ'udə]
resfriado (m) (coriza)	**nariz** (m) **a escorrer**	[nɐ'riʒ ɐ əʃku'ʀeɾ]
angina (f)	**amigdalite** (f)	[ɐmigdɐ'litə]
resfriado (m)	**constipação** (f)	[kõʃtipɐ'sãu]
resfriarse (vr)	**constipar-se** (vr)	[kõʃti'parsə]
bronquitis (f)	**bronquite** (f)	[brõ'kitə]
pulmonía (f)	**pneumonia** (f)	[pneumu'niɐ]
gripe (f)	**gripe** (f)	['gripə]
miope (adj)	**míope**	['miupə]
présbita (adj)	**presbita**	[prə'ʒbitɐ]
estrabismo (m)	**estrabismo** (m)	[əʃtrɐ'biʒmu]
estrábico (m) (adj)	**estrábico**	[ə'ʃtrabiku]
catarata (f)	**catarata** (f)	[kɐtɐ'ratɐ]
glaucoma (m)	**glaucoma** (m)	[glau'komɐ]
insulto (m)	**AVC** (m), **apoplexia** (f)	[avɛ'sɛ], [ɐpɔplɛ'ksiɐ]
ataque (m) cardiaco	**ataque** (m) **cardíaco**	[ɐ'takə kɐr'diɐku]
infarto (m) de miocardio	**enfarte** (m) **do miocárdio**	[ẽ'fartə du miɔ'kardiu]
parálisis (f)	**paralisia** (f)	[pɐrɐli'ziɐ]
paralizar (vt)	**paralisar** (vt)	[pɐrɐli'zaɾ]
alergia (f)	**alergia** (f)	[ɐlər'ʒiɐ]
asma (f)	**asma** (f)	['aʒmɐ]
diabetes (f)	**diabetes** (f)	[diɐ'bɛtəʃ]
dolor (m) de muelas	**dor** (f) **de dentes**	[dor də 'dẽtəʃ]
caries (f)	**cárie** (f)	['kariə]
diarrea (f)	**diarreia** (f)	[diɐ'ʀɐjɐ]
estreñimiento (m)	**prisão** (f) **de ventre**	[pri'zãu də 'vẽtrə]
molestia (f) estomacal	**desarranjo** (m) **intestinal**	[dəzɐ'ʀãʒu ĩtəʃti'nal]
envenenamiento (m)	**intoxicação** (f) **alimentar**	[ĩtɔksikɐ'sãu ɐlimẽ'tar]
envenenarse (vr)	**intoxicar-se**	[ĩtɔksi'karsə]
artritis (f)	**artrite** (f)	[ɐr'tritə]
raquitismo (m)	**raquitismo** (m)	[ʀɐki'tiʒmu]
reumatismo (m)	**reumatismo** (m)	[ʀiumɐ'tiʒmu]
ateroesclerosis (f)	**arteriosclerose** (f)	[ɐrtəriɔʃklə'rɔzə]
gastritis (f)	**gastrite** (f)	[gɐ'ʃtritə]
apendicitis (f)	**apendicite** (f)	[ɐpẽdi'sitə]
colecistitis (f)	**colecistite** (f)	[kulɛsi'ʃtitə]
úlcera (f)	**úlcera** (f)	['ulsərɐ]
sarampión (m)	**sarampo** (m)	[sɐ'rãpu]

rubeola (f)	**rubéola** (f)	[ʀu'bɛulɐ]
ictericia (f)	**iterícia** (f)	[itə'risiɐ]
hepatitis (f)	**hepatite** (f)	[epɐ'titə]
esquizofrenia (f)	**esquizofrenia** (f)	[əʃkizɔfrə'niɐ]
rabia (f) (hidrofobia)	**raiva** (f)	['ʀajvɐ]
neurosis (f)	**neurose** (f)	[neu'rɔzə]
conmoción (f) cerebral	**comoção** (f) **cerebral**	[kumu'sãu sərə'bral]
cáncer (m)	**cancro** (m)	['kãkru]
esclerosis (f)	**esclerose** (f)	[əʃklə'rɔzə]
esclerosis (m) múltiple	**esclerose** (f) **múltipla**	[əʃklə'rɔzə 'multiplɐ]
alcoholismo (m)	**alcoolismo** (m)	[alkuu'liʒmu]
alcohólico (m)	**alcoólico** (m)	[alku'ɔliku]
sífilis (f)	**sífilis** (f)	['sifiliʃ]
SIDA (m)	**SIDA** (f)	['sidɐ]
tumor (m)	**tumor** (m)	[tu'mor]
maligno (adj)	**maligno**	[mɐ'lignu]
benigno (adj)	**benigno**	[bə'nignu]
fiebre (f)	**febre** (f)	['fɛbrə]
malaria (f)	**malária** (f)	[mɐ'lariɐ]
gangrena (f)	**gangrena** (f)	[gã'grenɐ]
mareo (m)	**enjoo** (m)	[ẽ'ʒou]
epilepsia (f)	**epilepsia** (f)	[epilɛp'siɐ]
epidemia (f)	**epidemia** (f)	[epidə'miɐ]
tifus (m)	**tifo** (m)	['tifu]
tuberculosis (f)	**tuberculose** (f)	[tubɛrku'lɔzə]
cólera (f)	**cólera** (f)	['kɔlərɐ]
peste (f)	**peste** (f)	['pɛʃtə]

64. Los síntomas. Los tratamientos. Unidad 1

síntoma (m)	**sintoma** (m)	[sĩ'tomɐ]
temperatura (f)	**temperatura** (f)	[tẽpərɐ'turɐ]
fiebre (f)	**febre** (f)	['fɛbrə]
pulso (m)	**pulso** (m)	['pulsu]
mareo (m) (vértigo)	**vertigem** (f)	[vər'tiʒẽʲ]
caliente (adj)	**quente**	['kẽtə]
escalofrío (m)	**calafrio** (m)	[kɐlɐ'friu]
pálido (adj)	**pálido**	['palidu]
tos (f)	**tosse** (f)	['tɔsə]
toser (vi)	**tossir** (vi)	[tɔ'sir]
estornudar (vi)	**espirrar** (vi)	[əʃpi'ʀar]
desmayo (m)	**desmaio** (m)	[də'ʒmaju]

desmayarse (vr)	**desmaiar** (vi)	[dəʒmɐ'jaɾ]
moradura (f)	**nódoa** (f) **negra**	['nɔduɐ 'negrɐ]
chichón (m)	**galo** (m)	['galu]
golpearse (vr)	**magoar-se** (vr)	[mɐgu'arsə]
magulladura (f)	**pisadura** (f)	[pizɐ'durɐ]
magullarse (vr)	**aleijar-se** (vr)	[ɐlɐj'ʒarsə]
cojear (vi)	**coxear** (vi)	[kɔ'ksjaɾ]
dislocación (f)	**deslocação** (f)	[dəʒlukɐ'sãu]
dislocar (vt)	**deslocar** (vt)	[dəʒlu'kaɾ]
fractura (f)	**fratura** (f)	[fra'turɐ]
tener una fractura	**fraturar** (vt)	[frɐtu'raɾ]
corte (m) (tajo)	**corte** (m)	['kɔrtə]
cortarse (vr)	**cortar-se** (vr)	[kuɾ'tarsə]
hemorragia (f)	**hemorragia** (f)	[emuʀɐ'ʒiɐ]
quemadura (f)	**queimadura** (f)	[kɐjmɐ'durɐ]
quemarse (vr)	**queimar-se** (vr)	[kɐj'marsə]
pincharse (~ el dedo)	**picar** (vt)	[pi'kaɾ]
pincharse (vr)	**picar-se** (vr)	[pi'karsə]
herir (vt)	**lesionar** (vt)	[ləziu'naɾ]
herida (f)	**lesão** (m)	[lə'zãu]
lesión (f) (herida)	**ferida** (f), **ferimento** (m)	[fə'ridɐ], [fəri'mẽtu]
trauma (m)	**trauma** (m)	['traumɐ]
delirar (vi)	**delirar** (vi)	[dəli'raɾ]
tartamudear (vi)	**gaguejar** (vi)	[gɐgə'ʒaɾ]
insolación (f)	**insolação** (f)	[ĩsulɐ'sãu]

65. Los síntomas. Los tratamientos. Unidad 2

dolor (m)	**dor** (f)	[doɾ]
astilla (f)	**farpa** (f)	['farpɐ]
sudor (m)	**suor** (m)	[su'ɔɾ]
sudar (vi)	**suar** (vi)	[su'aɾ]
vómito (m)	**vómito** (m)	['vɔmitu]
convulsiones (f pl)	**convulsões** (f pl)	[kõvu'lsoɪʃ]
embarazada (adj)	**grávida**	['gravidɐ]
nacer (vi)	**nascer** (vi)	[nɐ'ʃseɾ]
parto (m)	**parto** (m)	['partu]
dar a luz	**dar à luz**	[daɾ a luʃ]
aborto (m)	**aborto** (m)	[ɐ'bortu]
respiración (f)	**respiração** (f)	[ʀəʃpirɐ'sãu]
inspiración (f)	**inspiração** (f)	[ĩʃpirɐ'sãu]
espiración (f)	**expiração** (f)	[əʃpirɐ'sãu]

espirar (vi)	**expirar** (vi)	[əʃpi'rar]
inspirar (vi)	**inspirar** (vi)	[ĩʃpi'rar]
inválido (m)	**inválido** (m)	[ĩ'validu]
mutilado (m)	**aleijado** (m)	[ɐlɐj'ʒadu]
drogadicto (m)	**toxicodependente** (m)	[tɔksiku·dəpẽ'dẽtə]
sordo (adj)	**surdo**	['surdu]
mudo (adj)	**mudo**	['mudu]
sordomudo (adj)	**surdo-mudo**	['surdu 'mudu]
loco (adj)	**louco**	['loku]
loco (m)	**louco** (m)	['loku]
loca (f)	**louca** (f)	['lokɐ]
volverse loco	**ficar louco**	[fi'kar 'loku]
gen (m)	**gene** (m)	['ʒɛnə]
inmunidad (f)	**imunidade** (f)	[imuni'dadə]
hereditario (adj)	**hereditário**	[erədi'tariu]
de nacimiento (adj)	**congénito**	[kõ'ʒɛnitu]
virus (m)	**vírus** (m)	['viruʃ]
microbio (m)	**micróbio** (m)	[mi'krɔbiu]
bacteria (f)	**bactéria** (f)	[ba'ktɛriɐ]
infección (f)	**infeção** (f)	[ĩfɛ'sãu]

66. Los síntomas. Los tratamientos. Unidad 3

hospital (m)	**hospital** (m)	[ɔʃpi'tal]
paciente (m)	**paciente** (m)	[pɐ'sjẽtə]
diagnosis (f)	**diagnóstico** (m)	[diɐ'gnɔʃtiku]
cura (f)	**cura** (f)	['kurɐ]
tratamiento (m)	**tratamento** (m) **médico**	[trɐtɐ'mẽtu 'mɛdiku]
curarse (vr)	**curar-se** (vr)	[ku'rarsə]
tratar (vt)	**tratar** (vt)	[trɐ'tar]
cuidar (a un enfermo)	**cuidar** (vt)	[kui'dar]
cuidados (m pl)	**cuidados** (m pl)	[kui'daduʃ]
operación (f)	**operação** (f)	[ɔpərɐ'sãu]
vendar (vt)	**enfaixar** (vt)	[ẽfaj'ʃar]
vendaje (m)	**enfaixamento** (m)	[ẽfajʃɐ'mẽtu]
vacunación (f)	**vacinação** (f)	[vɐsinɐ'sãu]
vacunar (vt)	**vacinar** (vt)	[vɐsi'nar]
inyección (f)	**injeção** (f)	[ĩʒɛ'sãu]
aplicar una inyección	**dar uma injeção**	[dar 'umɐ ĩʒɛ'sãu]
ataque (m)	**ataque** (m)	[ɐ'takə]
amputación (f)	**amputação** (f)	[ãputɐ'sãu]

amputar (vt)	**amputar** (vt)	[ãpu'taɾ]
coma (m)	**coma** (f)	['komɐ]
estar en coma	**estar em coma**	[ə'ʃtaɾ ẽ 'komɐ]
revitalización (f)	**reanimação** (f)	[ʀiɐnimɐ'sãu]
recuperarse (vr)	**recuperar-se** (vr)	[ʀəkupə'rarsə]
estado (m) (de salud)	**estado** (m)	[ə'ʃtadu]
consciencia (f)	**consciência** (f)	[kõ'ʃsjẽsiɐ]
memoria (f)	**memória** (f)	[mə'mɔriɐ]
extraer (un diente)	**tirar** (vt)	[ti'raɾ]
empaste (m)	**chumbo** (m), **obturação** (f)	['ʃũbu], [ɔbturɐ'sãu]
empastar (vt)	**chumbar, obturar** (vt)	[ʃũ'baɾ], [ɔbtu'raɾ]
hipnosis (f)	**hipnose** (f)	[ip'nɔzə]
hipnotizar (vt)	**hipnotizar** (vt)	[ipnuti'zaɾ]

67. La medicina. Las drogas. Los accesorios

medicamento (m), droga (f)	**medicamento** (m)	[mədikɐ'mẽtu]
remedio (m)	**remédio** (m)	[ʀə'mɛdiu]
prescribir (vt)	**receitar** (vt)	[ʀəsɐj'taɾ]
receta (f)	**receita** (f)	[ʀə'sɐjtɐ]
tableta (f)	**comprimido** (m)	[kõpri'midu]
ungüento (m)	**pomada** (f)	[pu'madɐ]
ampolla (f)	**ampola** (f)	[ã'pɔlɐ]
mixtura (f), mezcla (f)	**preparado** (m)	[prəpɐ'radu]
sirope (m)	**xarope** (m)	[ʃɐ'rɔpə]
píldora (f)	**cápsula** (f)	['kapsulɐ]
polvo (m)	**remédio** (m) **em pó**	[ʀə'mɛdiu ẽ pɔ]
venda (f)	**ligadura** (f)	[ligɐ'durɐ]
algodón (m) (discos de ~)	**algodão** (m)	[algu'dãu]
yodo (m)	**iodo** (m)	['jodu]
tirita (f), curita (f)	**penso** (m) **rápido**	['pẽsu 'ʀapidu]
pipeta (f)	**conta-gotas** (m)	[kõtɐ 'gotɐʃ]
termómetro (m)	**termómetro** (m)	[təɾ'mɔmətru]
jeringa (f)	**seringa** (f)	[sə'rĩgɐ]
silla (f) de ruedas	**cadeira** (f) **de rodas**	[kɐ'dɐjrɐ də 'ʀɔdɐʃ]
muletas (f pl)	**muletas** (f pl)	[mu'letɐʃ]
anestésico (m)	**analgésico** (m)	[ɐnal'ʒɛziku]
purgante (m)	**laxante** (m)	[la'ʃãtə]
alcohol (m)	**álcool** (m)	['alkuɔl]
hierba (f) medicinal	**ervas** (f pl) **medicinais**	['ɛrvɐʃ mədisi'naɪʃ]
de hierbas (té ~)	**de ervas**	[də 'ɛrvɐʃ]

EL APARTAMENTO

T&P Books Publishing

68. El apartamento

apartamento (m)	**apartamento** (m)	[ɐpɐrtɐ'mẽtu]
habitación (f)	**quarto** (m)	[ku'artu]
dormitorio (m)	**quarto** (m) **de dormir**	[ku'artu də dur'mir]
comedor (m)	**sala** (f) **de jantar**	['salɐ də ʒã'tar]
salón (m)	**sala** (f) **de estar**	['salɐ də ə'ʃtar]
despacho (m)	**escritório** (m)	[əʃkri'tɔriu]
antecámara (f)	**antessala** (f)	[ãtə'salɐ]
cuarto (m) de baño	**quarto** (m) **de banho**	[ku'artu də 'bɐɲu]
servicio (m)	**quarto** (m) **de banho**	[ku'artu də 'bɐɲu]
techo (m)	**teto** (m)	['tɛtu]
suelo (m)	**chão, soalho** (m)	['ʃãu], [su'aʎu]
rincón (m)	**canto** (m)	['kãtu]

69. Los muebles. El interior

muebles (m pl)	**mobiliário** (m)	[mubi'ljariu]
mesa (f)	**mesa** (f)	['mezɐ]
silla (f)	**cadeira** (f)	[kɐ'dɐjrɐ]
cama (f)	**cama** (f)	['kɐmɐ]
sofá (m)	**divã** (m)	[di'vã]
sillón (m)	**cadeirão** (m)	[kɐdɐj'rãu]
librería (f)	**estante** (f)	[ə'ʃtãtə]
estante (m)	**prateleira** (f)	[prɐtə'lɐjrɐ]
armario (m)	**guarda-vestidos** (m)	[gu'ardɐ və'ʃtiduʃ]
percha (f)	**cabide** (m) **de parede**	[kɐ'bidə də pɐ'redə]
perchero (m) de pie	**cabide** (m) **de pé**	[kɐ'bidə də pɛ]
cómoda (f)	**cómoda** (f)	['kɔmudɐ]
mesa (f) de café	**mesinha** (f) **de centro**	[mə'ziɲɐ də 'sẽtru]
espejo (m)	**espelho** (m)	[ə'ʃpɐʎu]
tapiz (m)	**tapete** (m)	[tɐ'petə]
alfombra (f)	**tapete** (m) **pequeno**	[tɐ'petə pə'kenu]
chimenea (f)	**lareira** (f)	[lɐ'rɐjrɐ]
vela (f)	**vela** (f)	['vɛlɐ]
candelero (m)	**castiçal** (m)	[kɐʃti'sal]
cortinas (f pl)	**cortinas** (f pl)	[kur'tinɐʃ]

empapelado (m)	**papel** (m) **de parede**	[pɐ'pɛl də pɐ'redə]
estor (m) de láminas	**estores** (f pl)	[ə'ʃtorəʃ]
lámpara (f) de mesa	**candeeiro** (m) **de mesa**	[kã'djɐjru də 'mezɐ]
aplique (m)	**candeeiro** (m) **de parede**	[kã'djɐjru də pɐ'redə]
lámpara (f) de pie	**candeeiro** (m) **de pé**	[kã'djɐjru də pɛ]
lámpara (f) de araña	**lustre** (m)	['luʃtrə]
pata (f) (~ de la mesa)	**pé** (m)	[pɛ]
brazo (m)	**braço** (m)	['brasu]
espaldar (m)	**costas** (f pl)	['kɔʃtɐʃ]
cajón (m)	**gaveta** (f)	[gɐ'vetɐ]

70. Los accesorios de cama

ropa (f) de cama	**roupa** (f) **de cama**	['ʀopɐ də 'kɐmɐ]
almohada (f)	**almofada** (f)	[almu'fadɐ]
funda (f)	**fronha** (f)	['froɲɐ]
manta (f)	**cobertor** (m)	[kubər'tor]
sábana (f)	**lençol** (m)	[lẽ'sɔl]
sobrecama (f)	**colcha** (f)	['kolʃɐ]

71. La cocina

cocina (f)	**cozinha** (f)	[ku'ziɲɐ]
gas (m)	**gás** (m)	[gaʃ]
cocina (f) de gas	**fogão** (m) **a gás**	[fu'gãu ɐ gaʃ]
cocina (f) eléctrica	**fogão** (m) **elétrico**	[fu'gãu e'lɛtriku]
horno (m)	**forno** (m)	['fornu]
horno (m) microondas	**forno** (m) **de micro-ondas**	['fornu də mikrɔ'õdɐʃ]
frigorífico (m)	**frigorífico** (m)	[frigu'rifiku]
congelador (m)	**congelador** (m)	[kõʒəlɐ'dor]
lavavajillas (m)	**máquina** (f) **de lavar louça**	['makinɐ də lɐ'var 'losɐ]
picadora (f) de carne	**moedor** (m) **de carne**	[muə'dor də 'karnə]
exprimidor (m)	**espremedor** (m)	[əʃprəmə'dor]
tostador (m)	**torradeira** (f)	[tuʀɐ'dɐjrɐ]
batidora (f)	**batedeira** (f)	[bɐtə'dɐjrɐ]
cafetera (f) (aparato de cocina)	**máquina** (f) **de café**	['makinɐ də kɐ'fɛ]
cafetera (f) (para servir)	**cafeteira** (f)	[kɐfə'tɐjrɐ]
molinillo (m) de café	**moinho** (m) **de café**	[mu'iɲu də kɐ'fɛ]
hervidor (m) de agua	**chaleira** (f)	[ʃɐ'lɐjrɐ]
tetera (f)	**bule** (m)	['bulə]

tapa (f) **tampa** (f) ['tãpɐ]
colador (m) de té **coador** (m) **de chá** [kuɐ'dor də 'ʃa]

cuchara (f) **colher** (f) [ku'ʎɛr]
cucharilla (f) **colher** (f) **de chá** [ku'ʎɛr də ʃa]
cuchara (f) de sopa **colher** (f) **de sopa** [ku'ʎɛr də 'sopɐ]
tenedor (m) **garfo** (m) ['garfu]
cuchillo (m) **faca** (f) ['fakɐ]

vajilla (f) **louça** (f) ['losɐ]
plato (m) **prato** (m) ['pratu]
platillo (m) **pires** (m) ['pirəʃ]

vaso (m) de chupito **cálice** (m) ['kalisə]
vaso (m) (~ de agua) **copo** (m) ['kɔpu]
taza (f) **chávena** (f) ['ʃavənɐ]

azucarera (f) **açucareiro** (m) [ɐsukɐ'ɾɐjɾu]
salero (m) **saleiro** (m) [sɐ'lɐjɾu]
pimentero (m) **pimenteiro** (m) [pimẽ'tɐjɾu]
mantequera (f) **manteigueira** (f) [mɐ̃tii'gɐjɾɐ]

cacerola (f) **panela, caçarola** (f) [pɐ'nɛlɐ], [kɐsɐ'ɾɔlɐ]
sartén (f) **frigideira** (f) [friʒi'dɐjɾɐ]
cucharón (m) **concha** (f) ['kõʃɐ]
colador (m) **passador** (m) [pɐsɐ'dor]
bandeja (f) **bandeja** (f) [bɐ̃'dɐʒɐ]

botella (f) **garrafa** (f) [gɐ'ʀafɐ]
tarro (m) de vidrio **boião** (m) **de vidro** [bo'jɐ̃u də 'vidru]
lata (f) **lata** (f) ['latɐ]

abrebotellas (m) **abre-garrafas** (m) [abrə gɐ'ʀafɐʃ]
abrelatas (m) **abre-latas** (m) [abrə 'latɐʃ]
sacacorchos (m) **saca-rolhas** (m) ['sakɐ 'ʀoʎɐʃ]
filtro (m) **filtro** (m) ['filtru]
filtrar (vt) **filtrar** (vt) [fil'trar]

basura (f) **lixo** (m) ['liʃu]
cubo (m) de basura **balde** (m) **do lixo** ['baldə du 'liʃu]

72. El baño

cuarto (m) de baño **quarto** (m) **de banho** [ku'artu də 'bɐɲu]
agua (f) **água** (f) ['aguɐ]
grifo (m) **torneira** (f) [tur'nɐjɾɐ]
agua (f) caliente **água** (f) **quente** ['aguɐ 'kẽtə]
agua (f) fría **água** (f) **fria** ['aguɐ 'friɐ]
pasta (f) de dientes **pasta** (f) **de dentes** ['paʃtɐ də 'dẽtəʃ]
limpiarse los dientes **escovar os dentes** [əʃku'var uʃ 'dẽtəʃ]

cepillo (m) de dientes	**escova** (f) **de dentes**	[ə'ʃkovɐ də 'dẽtəʃ]
afeitarse (vr)	**barbear-se** (vr)	[bɐr'bjarsə]
espuma (f) de afeitar	**espuma** (f) **de barbear**	[ə'ʃpumɐ də bɐr'bjar]
maquinilla (f) de afeitar	**máquina** (f) **de barbear**	['makinɐ də bɐrbi'ar]
lavar (vt)	**lavar** (vt)	[lɐ'var]
darse un baño	**lavar-se** (vr)	[lɐ'varsə]
ducha (f)	**duche** (m)	['duʃə]
darse una ducha	**tomar um duche**	[tu'mar ũ 'duʃə]
bañera (f)	**banheira** (f)	[bɐ'ɲejrɐ]
inodoro (m)	**sanita** (f)	[sɐ'nitɐ]
lavabo (m)	**lavatório** (m)	[lɐvɐ'tɔriu]
jabón (m)	**sabonete** (m)	[sɐbu'netə]
jabonera (f)	**saboneteira** (f)	[sɐbunə'tejrɐ]
esponja (f)	**esponja** (f)	[ə'ʃpõʒɐ]
champú (m)	**champô** (m)	[ʃã'po]
toalla (f)	**toalha** (f)	[tu'aʎɐ]
bata (f) de baño	**roupão** (m) **de banho**	[ʀo'pãu də 'bɐɲu]
colada (f), lavado (m)	**lavagem** (f)	[lɐ'vaʒẽʲ]
lavadora (f)	**máquina** (f) **de lavar**	['makinɐ də lɐ'var]
lavar la ropa	**lavar a roupa**	[lɐ'var ɐ 'ʀopɐ]
detergente (m) en polvo	**detergente** (m)	[dətər'ʒẽtə]

73. Los aparatos domésticos

televisor (m)	**televisor** (m)	[təlevi'zor]
magnetófono (m)	**gravador** (m)	[grɐvɐ'dor]
vídeo (m)	**videogravador** (m)	[vidiu·grɐvɐ'dor]
radio (m)	**rádio** (m)	['ʀadiu]
reproductor (m) (~ MP3)	**leitor** (m)	[ləj'tor]
proyector (m) de vídeo	**projetor** (m)	[pruʒɛ'tor]
sistema (m) home cinema	**cinema** (m) **em casa**	[si'nemɐ ẽ 'kazɐ]
reproductor (m) de DVD	**leitor** (m) **de DVD**	[ləj'tor də dɛvɛ'de]
amplificador (m)	**amplificador** (m)	[ãplifikɐ'dor]
videoconsola (f)	**console** (f) **de jogos**	[kõ'sɔlə də 'ʒɔguʃ]
cámara (f) de vídeo	**câmara** (f) **de vídeo**	['kɐmɐrɐ də 'vidiu]
cámara (f) fotográfica	**máquina** (f) **fotográfica**	['makinɐ futu'grafikɐ]
cámara (f) digital	**câmara** (f) **digital**	['kɐmɐrɐ diʒi'tal]
aspirador (m), aspiradora (f)	**aspirador** (m)	[ɐʃpirɐ'dor]
plancha (f)	**ferro** (m) **de engomar**	['fɛʀu də ẽgu'mar]
tabla (f) de planchar	**tábua** (f) **de engomar**	['tabuɐ də ẽgu'mar]
teléfono (m)	**telefone** (m)	[tələ'fɔnə]
teléfono (m) móvil	**telemóvel** (m)	[tɛlɛ'mɔvɛl]

máquina (f) de escribir	**máquina** (f) **de escrever**	['makinɐ də əʃkrə'ver]
máquina (f) de coser	**máquina** (f) **de costura**	['makinɐ də ku'ʃturɐ]
micrófono (m)	**microfone** (m)	[mikrɔ'fɔnə]
auriculares (m pl)	**auscultadores** (m pl)	[auʃkultɐ'dorəʃ]
mando (m) a distancia	**controlo remoto** (m)	[kõ'trolu ʀə'mɔtu]
CD (m)	**CD** (m)	['sɛdɛ]
casete (m)	**cassete** (f)	[ka'sɛtə]
disco (m) de vinilo	**disco** (m) **de vinil**	['diʃku də vi'nil]

LA TIERRA. EL TIEMPO

T&P Books Publishing

74. El espacio

cosmos (m)	**cosmos** (m)	['kɔʒmuʃ]
espacial, cósmico (adj)	**cósmico**	['kɔʒmiku]
espacio (m) cósmico	**espaço** (m) **cósmico**	[ə'ʃpasu 'kɔʒmiku]
mundo (m)	**mundo** (m)	['mũdu]
universo (m)	**universo** (m)	[uni'vɛrsu]
galaxia (f)	**galáxia** (f)	[gɐ'laksiɐ]
estrella (f)	**estrela** (f)	[ə'ʃtrelɐ]
constelación (f)	**constelação** (f)	[kõʃtəlɐ'sãu]
planeta (m)	**planeta** (m)	[plɐ'netɐ]
satélite (m)	**satélite** (m)	[sɐ'tɛlitə]
meteorito (m)	**meteorito** (m)	[mətiu'ritu]
cometa (m)	**cometa** (m)	[ku'metɐ]
asteroide (m)	**asteroide** (m)	[ɐʃtə'rɔjdə]
órbita (f)	**órbita** (f)	['ɔrbitɐ]
girar (vi)	**girar** (vi)	[ʒi'rar]
atmósfera (f)	**atmosfera** (f)	[ɐtmu'ʃfɛrɐ]
Sol (m)	**Sol** (m)	[sɔl]
sistema (m) solar	**Sistema** (m) **Solar**	[si'ʃtemɐ su'lar]
eclipse (m) de Sol	**eclipse** (m) **solar**	[ek'lipsə su'lar]
Tierra (f)	**Terra** (f)	['tɛʀɐ]
Luna (f)	**Lua** (f)	['luɐ]
Marte (m)	**Marte** (m)	['martə]
Venus (f)	**Vénus** (f)	['vɛnuʃ]
Júpiter (m)	**Júpiter** (m)	['ʒupitɛr]
Saturno (m)	**Saturno** (m)	[sɐ'turnu]
Mercurio (m)	**Mercúrio** (m)	[mər'kuriu]
Urano (m)	**Urano** (m)	[u'rɐnu]
Neptuno (m)	**Neptuno** (m)	[nɛp'tunu]
Plutón (m)	**Plutão** (m)	[plu'tãu]
la Vía Láctea	**Via Láctea** (f)	['viɐ 'latiɐ]
la Osa Mayor	**Ursa Maior** (f)	[ursɐ mɐ'jɔr]
la Estrella Polar	**Estrela Polar** (f)	[ə'ʃtrelɐ pu'lar]
marciano (m)	**marciano** (m)	[mɐr'sjɐnu]
extraterrestre (m)	**extraterrestre** (m)	[əʃtretə'ʀɛʃtrə]

planetícola (m)	**alienígena** (m)	[elie'niʒənɐ]
platillo (m) volante	**disco** (m) **voador**	['diʃku vuɐ'dor]
nave (f) espacial	**nave** (f) **espacial**	['navə əʃpɐ'sjal]
estación (f) orbital	**estação** (f) **orbital**	[əʃtɐ'sãu ɔrbi'tal]
despegue (m)	**lançamento** (m)	[lãsɐ'mẽtu]
motor (m)	**motor** (m)	[mu'tor]
tobera (f)	**bocal** (m)	[bu'kal]
combustible (m)	**combustível** (m)	[kõbu'ʃtivɛl]
carlinga (f)	**cabine** (f)	[kɐ'binə]
antena (f)	**antena** (f)	[ã'tenɐ]
ventana (f)	**vigia** (f)	[vi'ʒiɐ]
batería (f) solar	**bateria** (f) **solar**	[betə'riɐ su'lar]
escafandra (f)	**traje** (m) **espacial**	['traʒə əʃpɐ'sjal]
ingravidez (f)	**imponderabilidade** (f)	[ĩpõdərɐbili'dadə]
oxígeno (m)	**oxigénio** (m)	[ɔksi'ʒɛniu]
atraque (m)	**acoplagem** (f)	[ɐku'plaʒẽʲ]
realizar el atraque	**fazer uma acoplagem**	[fɐ'zer 'umɐ ɐku'plaʒẽʲ]
observatorio (m)	**observatório** (m)	[ɔbsərvɐ'tɔriu]
telescopio (m)	**telescópio** (m)	[tələ'ʃkɔpiu]
observar (vt)	**observar** (vt)	[ɔbsər'var]
explorar (~ el universo)	**explorar** (vt)	[əʃplu'rar]

75. La tierra

Tierra (f)	**Terra** (f)	['tɛʀɐ]
globo (m) terrestre	**globo** (m) **terrestre**	['globu tə'ʀɛʃtrə]
planeta (m)	**planeta** (m)	[plɐ'netɐ]
atmósfera (f)	**atmosfera** (f)	[ɐtmu'ʃfɛrɐ]
geografía (f)	**geografia** (f)	[ʒiugrɐ'fiɐ]
naturaleza (f)	**natureza** (f)	[nɐtu'rezɐ]
globo (m) terráqueo	**globo** (m)	['globu]
mapa (m)	**mapa** (m)	['mapɐ]
atlas (m)	**atlas** (m)	['atlɐʃ]
Europa (f)	**Europa** (f)	[eu'rɔpɐ]
Asia (f)	**Ásia** (f)	['aziɐ]
África (f)	**África** (f)	['afrikɐ]
Australia (f)	**Austrália** (f)	[au'ʃtraliɐ]
América (f)	**América** (f)	[ɐ'mɛrikɐ]
América (f) del Norte	**América** (f) **do Norte**	[ɐ'mɛrikɐ du 'nɔrtə]
América (f) del Sur	**América** (f) **do Sul**	[ɐ'mɛrikɐ du sul]

Antártida (f)	**Antártida** (f)	[ã'tartidɐ]
Ártico (m)	**Ártico** (m)	['artiku]

76. Los puntos cardinales

norte (m)	**norte** (m)	['nɔrtə]
al norte	**para norte**	['pɐrɐ 'nɔrtə]
en el norte	**no norte**	[nu 'nɔrtə]
del norte (adj)	**do norte**	[du 'nɔrtə]
sur (m)	**sul** (m)	[sul]
al sur	**para sul**	['pɐrɐ sul]
en el sur	**no sul**	[nu sul]
del sur (adj)	**do sul**	[du sul]
oeste (m)	**oeste, ocidente** (m)	[ɔ'ɛʃtə], [ɔsi'dẽtə]
al oeste	**para oeste**	['pɐrɐ ɔ'ɛʃtə]
en el oeste	**no oeste**	[nu ɔ'ɛʃtə]
del oeste (adj)	**ocidental**	[ɔsidẽ'tal]
este (m)	**leste, oriente** (m)	['lɛʃtə], [ɔ'rjẽtə]
al este	**para leste**	['pɐrɐ 'lɛʃtə]
en el este	**no leste**	[nu 'lɛʃtə]
del este (adj)	**oriental**	[ɔriẽ'tal]

77. El mar. El océano

mar (m)	**mar** (m)	[mar]
océano (m)	**oceano** (m)	[ɔ'sjɐnu]
golfo (m)	**golfo** (m)	['golfu]
estrecho (m)	**estreito** (m)	[ə'ʃtrɐjtu]
tierra (f) firme	**terra** (f) **firme**	['tɛʀɐ 'firmə]
continente (m)	**continente** (m)	[kõti'nẽtə]
isla (f)	**ilha** (f)	['iʎɐ]
península (f)	**península** (f)	[pə'nĩsulɐ]
archipiélago (m)	**arquipélago** (m)	[ɐrki'pɛlɐgu]
bahía (f)	**baía** (f)	[bɐ'iɐ]
ensenada, bahía (f)	**porto** (m)	['portu]
laguna (f)	**lagoa** (f)	[lɐ'goɐ]
cabo (m)	**cabo** (m)	['kabu]
atolón (m)	**atol** (m)	[ɐ'tɔl]
arrecife (m)	**recife** (m)	[ʀə'sifə]
coral (m)	**coral** (m)	[ku'ral]
arrecife (m) de coral	**recife** (m) **de coral**	[ʀə'sifə də ku'ral]
profundo (adj)	**profundo**	[pru'fũdu]

profundidad (f)	**profundidade** (f)	[prufũdi'dadə]
abismo (m)	**abismo** (m)	[ɐ'biʒmu]
fosa (f) oceánica	**fossa** (f) **oceânica**	['fɔsɐ ɔ'sjɐnikɐ]
corriente (f)	**corrente** (f)	[ku'ʀẽtə]
bañar (rodear)	**banhar** (vt)	[bɐ'ɲaɾ]
orilla (f)	**litoral** (m)	[litu'ral]
costa (f)	**costa** (f)	['kɔʃtɐ]
flujo (m)	**maré** (f) **alta**	[mɐ'rɛ 'altɐ]
reflujo (m)	**refluxo** (m), **maré** (f) **baixa**	[ʀə'fluksu], [mɐ'rɛ 'baɪʃɐ]
banco (m) de arena	**restinga** (f)	[ʀə'ʃtĩgɐ]
fondo (m)	**fundo** (m)	['fũdu]
ola (f)	**onda** (f)	['õdɐ]
cresta (f) de la ola	**crista** (f) **da onda**	['kriʃtɐ dɐ 'õdɐ]
espuma (f)	**espuma** (f)	[ə'ʃpumɐ]
tempestad (f)	**tempestade** (f)	[tẽpə'ʃtadə]
huracán (m)	**furacão** (m)	[furɐ'kãu]
tsunami (m)	**tsunami** (m)	[tsu'nɐmi]
bonanza (f)	**calmaria** (f)	[kalmɐ'riɐ]
calmo, tranquilo	**calmo**	['kalmu]
polo (m)	**polo** (m)	['pɔlu]
polar (adj)	**polar**	[pu'laɾ]
latitud (f)	**latitude** (f)	[lɐti'tudə]
longitud (f)	**longitude** (f)	[lõʒi'tudə]
paralelo (m)	**paralela** (f)	[pɐrɐ'lɛlɐ]
ecuador (m)	**equador** (m)	[ekwɐ'doɾ]
cielo (m)	**céu** (m)	['sɛu]
horizonte (m)	**horizonte** (m)	[ɔri'zõtə]
aire (m)	**ar** (m)	[aɾ]
faro (m)	**farol** (m)	[fɐ'rɔl]
bucear (vi)	**mergulhar** (vi)	[mərgu'ʎaɾ]
hundirse (vr)	**afundar-se** (vr)	[ɐfũ'darsə]
tesoros (m pl)	**tesouros** (m pl)	[tə'zoruʃ]

78. Los nombres de los mares y los océanos

océano (m) Atlántico	**Oceano** (m) **Atlântico**	[ɔ'sjɐnu ɐt'lãtiku]
océano (m) Índico	**Oceano** (m) **Índico**	[ɔ'sjɐnu 'ĩdiku]
océano (m) Pacífico	**Oceano** (m) **Pacífico**	[ɔ'sjɐnu pɐ'sifiku]
océano (m) Glacial Ártico	**Oceano** (m) **Ártico**	[ɔ'sjɐnu 'artiku]
mar (m) Negro	**Mar** (m) **Negro**	[maɾ 'negru]
mar (m) Rojo	**Mar** (m) **Vermelho**	[maɾ vəɾ'mɐʎu]

mar (m) Amarillo	**Mar** (m) **Amarelo**	[mar ɐmɐ'rɛlu]
mar (m) Blanco	**Mar** (m) **Branco**	[mar 'brãku]
mar (m) Caspio	**Mar** (m) **Cáspio**	[mar 'kaʃpiu]
mar (m) Muerto	**Mar** (m) **Morto**	[mar 'mortu]
mar (m) Mediterráneo	**Mar** (m) **Mediterrâneo**	[mar məditə'ʀɐniu]
mar (m) Egeo	**Mar** (m) **Egeu**	[mar e'ʒeu]
mar (m) Adriático	**Mar** (m) **Adriático**	[mar ɐd'rjatiku]
mar (m) Arábigo	**Mar** (m) **Arábico**	[mar ɐ'rabiku]
mar (m) del Japón	**Mar** (m) **do Japão**	[mar du ʒɐ'pãu]
mar (m) de Bering	**Mar** (m) **de Bering**	[mar də bərĩg]
mar (m) de la China Meridional	**Mar** (m) **da China Meridional**	[mar dɐ 'ʃinɐ məridiu'nal]
mar (m) del Coral	**Mar** (m) **de Coral**	[mar də ku'ral]
mar (m) de Tasmania	**Mar** (m) **de Tasman**	[mar də taʒmɐn]
mar (m) Caribe	**Mar** (m) **do Caribe**	[mar du kɐ'ribə]
mar (m) de Barents	**Mar** (m) **de Barents**	[mar də bɐrẽts]
mar (m) de Kara	**Mar** (m) **de Kara**	[mar də 'karɐ]
mar (m) del Norte	**Mar** (m) **do Norte**	[mar du 'nɔrtə]
mar (m) Báltico	**Mar** (m) **Báltico**	[mar 'baltiku]
mar (m) de Noruega	**Mar** (m) **da Noruega**	[mar dɐ nɔru'ɛgɐ]

79. Las montañas

montaña (f)	**montanha** (f)	[mõ'tɐɲɐ]
cadena (f) de montañas	**cordilheira** (f)	[kurdi'ʎɐjrɐ]
cresta (f) de montañas	**serra** (f)	['sɛʀɐ]
cima (f)	**cume** (m)	['kumə]
pico (m)	**pico** (m)	['piku]
pie (m)	**sopé** (m)	[su'pɛ]
cuesta (f)	**declive** (m)	[dək'livə]
volcán (m)	**vulcão** (m)	[vu'lkãu]
volcán (m) activo	**vulcão** (m) **ativo**	[vu'lkãu a'tivu]
volcán (m) apagado	**vulcão** (m) **extinto**	[vu'lkãu ə'ʃtĩtu]
erupción (f)	**erupção** (f)	[erup'sãu]
cráter (m)	**cratera** (f)	[krɐ'tɛrɐ]
magma (m)	**magma** (m)	['magmɐ]
lava (f)	**lava** (f)	['lavɐ]
fundido (lava ~a)	**fundido**	[fũ'didu]
cañón (m)	**desfiladeiro** (m)	[dəʃfilɐ'dɐjru]
desfiladero (m)	**garganta** (f)	[gɐr'gãtɐ]

grieta (f)	**fenda** (f)	['fẽdɐ]
precipicio (m)	**precipício** (m)	[prəsi'pisiu]
puerto (m) (paso)	**passo, colo** (m)	['pasu], ['kɔlu]
meseta (f)	**planalto** (m)	[plɐ'naltu]
roca (f)	**falésia** (f)	[fɐ'lɛziɐ]
colina (f)	**colina** (f)	[ku'linɐ]
glaciar (m)	**glaciar** (m)	[glɐ'sjaɾ]
cascada (f)	**queda** (f) **d'água**	['kɛdɐ 'daguɐ]
geiser (m)	**géiser** (m)	['ʒɛjzɛɾ]
lago (m)	**lago** (m)	['lagu]
llanura (f)	**planície** (f)	[plɐ'nisiə]
paisaje (m)	**paisagem** (f)	[paj'zaʒẽʲ]
eco (m)	**eco** (m)	['ɛku]
alpinista (m)	**alpinista** (m)	[alpi'niʃtɐ]
escalador (m)	**escalador** (m)	[əʃkɐlɐ'doɾ]
conquistar (vt)	**conquistar** (vt)	[kõki'ʃtaɾ]
ascensión (f)	**subida, escalada** (f)	[su'bidɐ], [əʃkɐ'ladɐ]

80. Los nombres de las montañas

Alpes (m pl)	**Alpes** (m pl)	['alpəʃ]
Montblanc (m)	**monte Branco** (m)	['mõtə 'brãku]
Pirineos (m pl)	**Pirineus** (m pl)	[piri'neuʃ]
Cárpatos (m pl)	**Cárpatos** (m pl)	['karpɐtuʃ]
Urales (m pl)	**montes** (m pl) **Urais**	['mõtəʃ u'raɪʃ]
Cáucaso (m)	**Cáucaso** (m)	['kaukɐzu]
Elbrus (m)	**Elbrus** (m)	[el'bruʃ]
Altai (m)	**Altai** (m)	[ɐl'taj]
Tian-Shan (m)	**Tian Shan** (m)	[tiɐn ʃɐn]
Pamir (m)	**Pamir** (m)	[pɐ'miɾ]
Himalayos (m pl)	**Himalaias** (m pl)	[imɐ'lajɐʃ]
Everest (m)	**monte** (m) **Everest**	['mõtə evə'rɛʃt]
Andes (m pl)	**Cordilheira** (f) **dos Andes**	[kurdi'ʎɐjrɐ duʃ 'ãdəʃ]
Kilimanjaro (m)	**Kilimanjaro** (m)	[kilimã'ʒaru]

81. Los ríos

río (m)	**rio** (m)	['ʀiu]
manantial (m)	**fonte, nascente** (f)	['fõtə], [nɐ'ʃsẽtə]
lecho (m) (curso de agua)	**leito** (m) **do rio**	['lɐjtu du 'ʀiu]
cuenca (f) fluvial	**bacia** (f)	[bɐ'siɐ]

desembocar en ...	**desaguar no ...**	[dəzagu'ar nu]
afluente (m)	**afluente** (m)	[ɐflu'ẽtə]
ribera (f)	**margem** (f)	['marʒẽʲ]
corriente (f)	**corrente** (f)	[ku'ʀẽtə]
río abajo (adv)	**rio abaixo**	['ʀiu ɐ'baɪʃu]
río arriba (adv)	**rio acima**	['ʀiu ɐ'simɐ]
inundación (f)	**inundação** (f)	[inũdɐ'sãu]
riada (f)	**cheia** (f)	['ʃejɐ]
desbordarse (vr)	**transbordar** (vi)	[trãʒbur'dar]
inundar (vt)	**inundar** (vt)	[inũ'dar]
bajo (m) arenoso	**banco** (m) **de areia**	['bãku də ɐ'rejɐ]
rápido (m)	**rápidos** (m pl)	['ʀapiduʃ]
presa (f)	**barragem** (f)	[bɐ'ʀaʒẽʲ]
canal (m)	**canal** (m)	[kɐ'nal]
lago (m) artificiale	**reservatório** (m) **de água**	[ʀəzərvɐ'tɔriu də 'aguɐ]
esclusa (f)	**eclusa** (f)	[ə'kluzɐ]
cuerpo (m) de agua	**corpo** (m) **de água**	['korpu də 'aguɐ]
pantano (m)	**pântano** (m)	['pãtɐnu]
ciénaga (f)	**tremedal** (m)	[trəmə'dal]
remolino (m)	**remoinho** (m)	[ʀəmu'iɲu]
arroyo (m)	**arroio, regato** (m)	[ɐ'ʀoju], [ʀə'gatu]
potable (adj)	**potável**	[pu'tavɛl]
dulce (agua ~)	**doce**	['dosə]
hielo (m)	**gelo** (m)	['ʒelu]
helarse (el lago, etc.)	**congelar-se** (vr)	[kõʒə'larsə]

82. Los nombres de los ríos

Sena (m)	**rio Sena** (m)	['ʀiu 'senɐ]
Loira (m)	**rio Loire** (m)	['ʀiu lu'ar]
Támesis (m)	**rio Tamisa** (m)	['ʀiu tɐ'mizɐ]
Rin (m)	**rio Reno** (m)	['ʀiu 'ʀenu]
Danubio (m)	**rio Danúbio** (m)	['ʀiu dɐ'nubiu]
Volga (m)	**rio Volga** (m)	['ʀiu 'vɔlgɐ]
Don (m)	**rio Don** (m)	['ʀiu dɔn]
Lena (m)	**rio Lena** (m)	['ʀiu 'lenɐ]
Río (m) Amarillo	**rio Amarelo** (m)	['ʀiu ɐmɐ'rɛlu]
Río (m) Azul	**rio Yangtzé** (m)	['ʀiu iã'gtzɛ]
Mekong (m)	**rio Mekong** (m)	['ʀiu mi'kõg]
Ganges (m)	**rio Ganges** (m)	['ʀiu 'gãʒəʃ]

Nilo (m)	**rio Nilo** (m)	['ʀiu 'nilu]
Congo (m)	**rio Congo** (m)	['ʀiu 'kõgu]
Okavango (m)	**rio Cubango** (m)	['ʀiu ku'bãgu]
Zambeze (m)	**rio Zambeze** (m)	['ʀiu zã'bɛzə]
Limpopo (m)	**rio Limpopo** (m)	['ʀiu lĩ'popu]
Misisipi (m)	**rio Mississípi** (m)	['ʀiu misi'sipi]

83. El bosque

bosque (m)	**floresta** (f), **bosque** (m)	[flu'rɛʃtɐ], ['bɔʃkə]
de bosque (adj)	**florestal**	[flurə'ʃtal]
espesura (f)	**mata** (f) **cerrada**	['matɐ sə'ʀadɐ]
bosquecillo (m)	**arvoredo** (m)	[ɐrvu'redu]
claro (m)	**clareira** (f)	[klɐ'rɐjrɐ]
maleza (f)	**matagal** (m)	[mɐtɐ'gal]
matorral (m)	**mato** (m)	['matu]
senda (f)	**vereda** (f)	[və'redɐ]
barranco (m)	**ravina** (f)	[ʀɐ'vinɐ]
árbol (m)	**árvore** (f)	['arvurə]
hoja (f)	**folha** (f)	['foʎɐ]
follaje (m)	**folhagem** (f)	[fu'ʎaʒẽʲ]
caída (f) de hojas	**queda** (f) **das folhas**	['kɛdɐ dɐʃ 'foʎɐʃ]
caer (las hojas)	**cair** (vi)	[kɐ'ir]
cima (f)	**topo** (m)	['topu]
rama (f)	**ramo** (m)	['ʀɐmu]
rama (f) (gruesa)	**galho** (m)	['gaʎu]
brote (m)	**botão, rebento** (m)	[bu'tãu], [ʀə'bẽtu]
aguja (f)	**agulha** (f)	[ɐ'guʎɐ]
piña (f)	**pinha** (f)	['piɲɐ]
agujero (m)	**buraco** (m) **de árvore**	[bu'raku də 'arvurə]
nido (m)	**ninho** (m)	['niɲu]
tronco (m)	**tronco** (m)	['trõku]
raíz (f)	**raiz** (f)	[ʀɐ'iʃ]
corteza (f)	**casca** (f) **de árvore**	['kaʃkɐ də 'arvurə]
musgo (m)	**musgo** (m)	['muʒgu]
extirpar (vt)	**arrancar pela raiz**	[ɐʀã'kar 'pelɐ ʀɐ'iʃ]
talar (vt)	**cortar** (vt)	[kur'tar]
deforestar (vt)	**desflorestar** (vt)	[dəʃflurə'ʃtar]
tocón (m)	**toco, cepo** (m)	['tɔku], ['sepu]
hoguera (f)	**fogueira** (f)	[fu'gɐjrɐ]
incendio (m) forestal	**incêndio** (m) **florestal**	[ĩ'sẽdiu flurə'ʃtal]

apagar (~ el incendio)	**apagar** (vt)	[ɐpɐ'gar]
guarda (m) forestal	**guarda-florestal** (m)	[gu'ardɐ flurə'ʃtal]
protección (f)	**proteção** (f)	[prutɛ'sãu]
proteger (vt)	**proteger** (vt)	[prutə'ʒer]
cazador (m) furtivo	**caçador** (m) **furtivo**	[kɐsɐ'dor fur'tivu]
cepo (m)	**armadilha** (f)	[ɐrmɐ'diʎɐ]
recoger (setas, bayas)	**colher** (vt)	[ku'ʎɛr]
perderse (vr)	**perder-se** (vr)	[pər'dersə]

84. Los recursos naturales

recursos (m pl) naturales	**recursos** (m pl) **naturais**	[ʀə'kursuʃ nɐtu'raɪʃ]
recursos (m pl) subterráneos	**minerais** (m pl)	[minə'raɪʃ]
depósitos (m pl)	**depósitos** (m pl)	[də'pɔzituʃ]
yacimiento (m)	**jazida** (f)	[ʒɐ'zidɐ]
extraer (vt)	**extrair** (vt)	[əʃtrɐ'ir]
extracción (f)	**extração** (f)	[əʃtra'sãu]
mena (f)	**minério** (m)	[mi'nɛriu]
mina (f)	**mina** (f)	['minɐ]
pozo (m) de mina	**poço** (m) **de mina**	['posu də 'minɐ]
minero (m)	**mineiro** (m)	[mi'nejru]
gas (m)	**gás** (m)	[gaʃ]
gasoducto (m)	**gasoduto** (m)	[gazɔ'dutu]
petróleo (m)	**petróleo** (m)	[pə'trɔliu]
oleoducto (m)	**oleoduto** (m)	[ɔliu'dutu]
pozo (m) de petróleo	**poço** (m) **de petróleo**	['posu də pə'trɔliu]
torre (f) de sondeo	**torre** (f) **petrolífera**	['toʀə pətru'lifərɐ]
petrolero (m)	**petroleiro** (m)	[pətru'lɐjru]
arena (f)	**areia** (f)	[ɐ'rɐjɐ]
caliza (f)	**calcário** (m)	[kal'kariu]
grava (f)	**cascalho** (m)	[kɐ'ʃkaʎu]
turba (f)	**turfa** (f)	['turfɐ]
arcilla (f)	**argila** (f)	[ɐr'ʒilɐ]
carbón (m)	**carvão** (m)	[kɐr'vãu]
hierro (m)	**ferro** (m)	['fɛʀu]
oro (m)	**ouro** (m)	['oru]
plata (f)	**prata** (f)	['pratɐ]
níquel (m)	**níquel** (m)	['nikɛl]
cobre (m)	**cobre** (m)	['kɔbrə]
zinc (m)	**zinco** (m)	['zĩku]
manganeso (m)	**manganês** (m)	[mãgɐ'neʃ]
mercurio (m)	**mercúrio** (m)	[mər'kuriu]
plomo (m)	**chumbo** (m)	['ʃũbu]

mineral (m)	**mineral** (m)	[minə'ral]
cristal (m)	**cristal** (m)	[kri'ʃtal]
mármol (m)	**mármore** (m)	['marmurə]
uranio (m)	**urânio** (m)	[u'reniu]

85. El tiempo

tiempo (m)	**tempo** (m)	['tẽpu]
previsión (f) del tiempo	**previsão** (f) **do tempo**	[prəvi'zãu du 'tẽpu]
temperatura (f)	**temperatura** (f)	[tẽpərɐ'turɐ]
termómetro (m)	**termómetro** (m)	[tər'mɔmətru]
barómetro (m)	**barómetro** (m)	[bɐ'rɔmətru]
húmedo (adj)	**húmido**	['umidu]
humedad (f)	**humidade** (f)	[umi'dadə]
bochorno (m)	**calor** (m)	[kɐ'lor]
tórrido (adj)	**cálido**	['kalidu]
hace mucho calor	**está muito calor**	[ə'ʃta 'mũjtu kɐ'lor]
hace calor (templado)	**está calor**	[ə'ʃta kɐ'lor]
templado (adj)	**quente**	['kẽtə]
hace frío	**está frio**	[ə'ʃta 'friu]
frío (adj)	**frio**	['friu]
sol (m)	**sol** (m)	[sɔl]
brillar (vi)	**brilhar** (vi)	[bri'ʎar]
soleado (un día ~)	**de sol, ensolarado**	[də sɔl], [ẽsulɐ'radu]
elevarse (el sol)	**nascer** (vi)	[nɐ'ʃser]
ponerse (vr)	**pôr-se** (vr)	['porsə]
nube (f)	**nuvem** (f)	['nuvẽʲ]
nuboso (adj)	**nublado**	[nu'bladu]
nubarrón (m)	**nuvem** (f) **preta**	['nuvẽʲ 'pretɐ]
nublado (adj)	**escuro, cinzento**	[ə'ʃkuru], [sĩ'zẽtu]
lluvia (f)	**chuva** (f)	['ʃuvɐ]
está lloviendo	**está a chover**	[ə'ʃta ɐ ʃu'ver]
lluvioso (adj)	**chuvoso**	[ʃu'vozu]
lloviznar (vi)	**chuviscar** (vi)	[ʃuvi'ʃkar]
aguacero (m)	**chuva** (f) **torrencial**	['ʃuvɐ tuʀẽ'sjal]
chaparrón (m)	**chuvada** (f)	[ʃu'vadɐ]
fuerte (la lluvia ~)	**forte**	['fɔrtə]
charco (m)	**poça** (f)	['pɔsɐ]
mojarse (vr)	**molhar-se** (vr)	[mu'ʎarsə]
niebla (f)	**nevoeiro** (m)	[nəvu'ɐjru]
nebuloso (adj)	**de nevoeiro**	[də nəvu'ɐjru]
nieve (f)	**neve** (f)	['nɛvə]
está nevando	**está a nevar**	[ə'ʃta ɐ nɛ'var]

86. Los eventos climáticos severos. Los desastres naturales

tormenta (f)	**trovoada** (f)	[truvu'adɐ]
relámpago (m)	**relâmpago** (m)	[ʀə'lãpɐgu]
relampaguear (vi)	**relampejar** (vi)	[ʀəlãpə'ʒar]
trueno (m)	**trovão** (m)	[tru'vãu]
tronar (vi)	**trovejar** (vi)	[truvə'ʒar]
está tronando	**está a trovejar**	[ə'ʃta ɐ truvə'ʒar]
granizo (m)	**granizo** (m)	[grɐ'nizu]
está granizando	**está a cair granizo**	[ə'ʃta ɐ kɐ'ir grɐ'nizu]
inundar (vt)	**inundar** (vt)	[inũ'dar]
inundación (f)	**inundação** (f)	[inũdɐ'sãu]
terremoto (m)	**terremoto** (m)	[təʀə'mɔtu]
sacudida (f)	**abalo, tremor** (m)	[ɐ'balu], [trə'mor]
epicentro (m)	**epicentro** (m)	[epi'sẽtru]
erupción (f)	**erupção** (f)	[erup'sãu]
lava (f)	**lava** (f)	['lavɐ]
torbellino (m)	**turbilhão** (m)	[turbi'ʎãu]
tornado (m)	**tornado** (m)	[tur'nadu]
tifón (m)	**tufão** (m)	[tu'fãu]
huracán (m)	**furacão** (m)	[furɐ'kãu]
tempestad (f)	**tempestade** (f)	[tẽpə'ʃtadə]
tsunami (m)	**tsunami** (m)	[tsu'nɐmi]
ciclón (m)	**ciclone** (m)	[sik'lɔnə]
mal tiempo (m)	**mau tempo** (m)	['mau 'tẽpu]
incendio (m)	**incêndio** (m)	[ĩ'sẽdiu]
catástrofe (f)	**catástrofe** (f)	[kɐ'taʃtrufə]
meteorito (m)	**meteorito** (m)	[mətiu'ritu]
avalancha (f)	**avalanche** (f)	[ɐvɐ'lãʃə]
alud (m) de nieve	**deslizamento** (m) **de neve**	[dəʒlizɐ'mẽtu də 'nɛvə]
ventisca (f)	**nevasca** (f)	[nə'vaʃkɐ]
nevasca (f)	**tempestade** (f) **de neve**	[tẽpə'ʃtadə də 'nɛvə]

LA FAUNA

T&P Books Publishing

87. Los mamíferos. Los predadores

carnívoro (m)	**predador** (m)	[prəde'dor]
tigre (m)	**tigre** (m)	['tigrə]
león (m)	**leão** (m)	['ljãu]
lobo (m)	**lobo** (m)	['lobu]
zorro (m)	**raposa** (f)	[ʀɐ'pozɐ]
jaguar (m)	**jaguar** (m)	[ʒɐgu'ar]
leopardo (m)	**leopardo** (m)	[liu'pardu]
guepardo (m)	**chita** (f)	['ʃitɐ]
pantera (f)	**pantera** (f)	[pã'terɐ]
puma (f)	**puma** (m)	['pumɐ]
leopardo (m) de las nieves	**leopardo-das-neves** (m)	[liu'pardu dɐʒ 'nɛvəʃ]
lince (m)	**lince** (m)	['lĩsə]
coyote (m)	**coiote** (m)	[ko'jɔtə]
chacal (m)	**chacal** (m)	[ʃɐ'kal]
hiena (f)	**hiena** (f)	['jenɐ]

88. Los animales salvajes

animal (m)	**animal** (m)	[ɐni'mal]
bestia (f)	**besta** (f)	['beʃtɐ]
ardilla (f)	**esquilo** (m)	[ə'ʃkilu]
erizo (m)	**ouriço** (m)	[o'risu]
liebre (f)	**lebre** (f)	['lɛbrə]
conejo (m)	**coelho** (m)	[ku'ɐʎu]
tejón (m)	**texugo** (m)	[tɛ'ksugu]
mapache (m)	**guaxinim** (m)	[guaksi'nĩ]
hámster (m)	**hamster** (m)	['ɐmstɛr]
marmota (f)	**marmota** (f)	[mɐr'mɔtɐ]
topo (m)	**toupeira** (f)	[to'pɐjrɐ]
ratón (m)	**rato** (m)	['ʀatu]
rata (f)	**ratazana** (f)	[ʀɐtɐ'zɐnɐ]
murciélago (m)	**morcego** (m)	[mur'segu]
armiño (m)	**arminho** (m)	[ɐr'miɲu]
cebellina (f)	**zibelina** (f)	[zibə'linɐ]
marta (f)	**marta** (f)	['martɐ]

comadreja (f)	**doninha** (f)	[du'niɲɐ]
visón (m)	**vison** (m)	[vi'zõ]
castor (m)	**castor** (m)	[kɐ'ʃtor]
nutria (f)	**lontra** (f)	['lõtrɐ]
caballo (m)	**cavalo** (m)	[kɐ'valu]
alce (m)	**alce** (m)	['alsə]
ciervo (m)	**veado** (m)	['vjadu]
camello (m)	**camelo** (m)	[kɐ'melu]
bisonte (m)	**bisão** (m)	[bi'zãu]
uro (m)	**auroque** (m)	[au'rɔkə]
búfalo (m)	**búfalo** (m)	['bufɐlu]
cebra (f)	**zebra** (f)	['zɛbrɐ]
antílope (m)	**antílope** (m)	[ã'tilupə]
corzo (m)	**corça** (f)	['kɔrsɐ]
gamo (m)	**gamo** (m)	['gɐmu]
gamuza (f)	**camurça** (f)	[kɐ'mursɐ]
jabalí (m)	**javali** (m)	[ʒɐvɐ'li]
ballena (f)	**baleia** (f)	[bɐ'lɐjɐ]
foca (f)	**foca** (f)	['fɔkɐ]
morsa (f)	**morsa** (f)	['mɔrsɐ]
oso (m) marino	**urso-marinho** (m)	['ursu mɐ'riɲu]
delfín (m)	**golfinho** (m)	[gol'fiɲu]
oso (m)	**urso** (m)	['ursu]
oso (m) blanco	**urso** (m) **branco**	['ursu 'brãku]
panda (f)	**panda** (m)	['pãdɐ]
mono (m)	**macaco** (m)	[mɐ'kaku]
chimpancé (m)	**chimpanzé** (m)	[ʃĩpã'zɛ]
orangután (m)	**orangotango** (m)	[ɔrãgu'tãgu]
gorila (m)	**gorila** (m)	[gu'rilɐ]
macaco (m)	**macaco** (m)	[mɐ'kaku]
gibón (m)	**gibão** (m)	[ʒi'bãu]
elefante (m)	**elefante** (m)	[elə'fãtə]
rinoceronte (m)	**rinoceronte** (m)	[ʀinɔsə'rõtə]
jirafa (f)	**girafa** (f)	[ʒi'rafɐ]
hipopótamo (m)	**hipopótamo** (m)	[ipɔ'pɔtɐmu]
canguro (m)	**canguru** (m)	[kãgu'ru]
koala (f)	**coala** (m)	[ku'alɐ]
mangosta (f)	**mangusto** (m)	[mã'guʃtu]
chinchilla (f)	**chinchila** (m)	[ʃĩ'ʃilɐ]
mofeta (f)	**doninha-fedorenta** (f)	[du'niɲɐ fədu'rẽtɐ]
espín (m)	**porco-espinho** (m)	['porku ə'ʃpiɲu]

89. Los animales domésticos

gata (f)	**gata** (f)	['gatɐ]
gato (m)	**gato** (m) **macho**	['gatu 'maʃu]
perro (m)	**cão** (m)	['kãu]
caballo (m)	**cavalo** (m)	[kɐ'valu]
garañón (m)	**garanhão** (m)	[gɐrɐ'ɲãu]
yegua (f)	**égua** (f)	['ɛguɐ]
vaca (f)	**vaca** (f)	['vakɐ]
toro (m)	**touro** (m)	['toru]
buey (m)	**boi** (m)	[boj]
oveja (f)	**ovelha** (f)	[ɔ'vɐʎɐ]
carnero (m)	**carneiro** (m)	[kɐr'nejru]
cabra (f)	**cabra** (f)	['kabrɐ]
cabrón (m)	**bode** (m)	['bɔdə]
asno (m)	**burro** (m)	['buʀu]
mulo (m)	**mula** (f)	['mulɐ]
cerdo (m)	**porco** (m)	['porku]
cerdito (m)	**leitão** (m)	[lɐj'tãu]
conejo (m)	**coelho** (m)	[ku'ɐʎu]
gallina (f)	**galinha** (f)	[gɐ'liɲɐ]
gallo (m)	**galo** (m)	['galu]
pato (m)	**pata** (f)	['patɐ]
ánade (m)	**pato** (m)	['patu]
ganso (m)	**ganso** (m)	['gãsu]
pavo (m)	**peru** (m)	[pə'ru]
pava (f)	**perua** (f)	[pə'ruɐ]
animales (m pl) domésticos	**animais** (m pl) **domésticos**	[ɐni'maɪʃ du'mɛʃtikuʃ]
domesticado (adj)	**domesticado**	[duməʃti'kadu]
domesticar (vt)	**domesticar** (vt)	[duməʃti'kar]
criar (vt)	**criar** (vt)	[kri'ar]
granja (f)	**quinta** (f)	['kĩtɐ]
aves (f pl) de corral	**aves** (f pl) **domésticas**	['avəʃ du'mɛʃtikɐʃ]
ganado (m)	**gado** (m)	['gadu]
rebaño (m)	**rebanho** (m), **manada** (f)	[ʀə'bɐɲu], [mɐ'nadɐ]
caballeriza (f)	**estábulo** (m)	[ə'ʃtabulu]
porqueriza (f)	**pocilga** (f)	[pu'silgɐ]
vaquería (f)	**estábulo** (m)	[ə'ʃtabulu]
conejal (m)	**coelheira** (f)	[kuɛ'ʎɐjrɐ]
gallinero (m)	**galinheiro** (m)	[gɐli'ɲɐjru]

90. Los pájaros

pájaro (m)	**pássaro** (m), **ave** (f)	['pasɐru], ['avə]
paloma (f)	**pombo** (m)	['põbu]
gorrión (m)	**pardal** (m)	[pɐr'dal]
carbonero (m)	**chapim-real** (m)	[ʃɐ'pĩ ʀi'al]
urraca (f)	**pega-rabuda** (f)	['pɛgɐ ʀa'budɐ]
cuervo (m)	**corvo** (m)	['korvu]
corneja (f)	**gralha** (f) **cinzenta**	['graʎɐ sĩ'zẽtɐ]
chova (f)	**gralha-de-nuca-cinzenta** (f)	['graʎɐ də 'nukɐ sĩ'zẽtɐ]
grajo (m)	**gralha-calva** (f)	['graʎɐ 'kalvɐ]
pato (m)	**pato** (m)	['patu]
ganso (m)	**ganso** (m)	['gãsu]
faisán (m)	**faisão** (m)	[faj'zãu]
águila (f)	**águia** (f)	['agiɐ]
azor (m)	**açor** (m)	[ɐ'sor]
halcón (m)	**falcão** (m)	[fa'lkãu]
buitre (m)	**abutre** (m)	[ɐ'butrə]
cóndor (m)	**condor** (m)	[kõ'dor]
cisne (m)	**cisne** (m)	['siʒnə]
grulla (f)	**grou** (m)	[gro]
cigüeña (f)	**cegonha** (f)	[sə'goɲɐ]
loro (m), papagayo (m)	**papagaio** (m)	[pɐpɐ'gaju]
colibrí (m)	**beija-flor** (m)	['bɐjʒɐ 'flor]
pavo (m) real	**pavão** (m)	[pɐ'vãu]
avestruz (m)	**avestruz** (m)	[ɐvə'ʃtruʃ]
garza (f)	**garça** (f)	['garsɐ]
flamenco (m)	**flamingo** (m)	[flɐ'mĩgu]
pelícano (m)	**pelicano** (m)	[pəli'kɐnu]
ruiseñor (m)	**rouxinol** (m)	[ʀoʃi'nɔl]
golondrina (f)	**andorinha** (f)	[ãdu'riɲɐ]
tordo (m)	**tordo-zornal** (m)	['tɔrdu zur'nal]
zorzal (m)	**tordo-músico** (m)	['tɔrdu 'muziku]
mirlo (m)	**melro-preto** (m)	['mɛlʀu 'pretu]
vencejo (m)	**andorinhão** (m)	[ãduri'ɲãu]
alondra (f)	**cotovia** (f)	[kutu'viɐ]
codorniz (f)	**codorna** (f)	[kɔ'dɔrnɐ]
pájaro carpintero (m)	**pica-pau** (m)	['pikɐ 'pau]
cuco (m)	**cuco** (m)	['kuku]
lechuza (f)	**coruja** (f)	[ku'ruʒɐ]

búho (m)	**corujão, bufo** (m)	[kɔru'ʒãu], ['bufu]
urogallo (m)	**tetraz-grande** (m)	[tɛ'traʒ 'grãdə]
gallo lira (m)	**tetraz-lira** (m)	[tɛ'traʒ 'lirɐ]
perdiz (f)	**perdiz-cinzenta** (f)	[pərdiʃ sĩ'zẽtɐ]
estornino (m)	**estorninho** (m)	[əʃtur'niɲu]
canario (m)	**canário** (m)	[kɐ'nariu]
ortega (f)	**galinha-do-mato** (f)	[gɐ'liɲɐ du 'matu]
pinzón (m)	**tentilhão** (m)	[tẽti'ʎãu]
camachuelo (m)	**dom-fafe** (m)	[dõ'fafə]
gaviota (f)	**gaivota** (f)	[gaj'vɔtɐ]
albatros (m)	**albatroz** (m)	[albɐ'trɔʃ]
pingüino (m)	**pinguim** (m)	[pĩgu'ĩ]

91. Los peces. Los animales marinos

brema (f)	**brema** (f)	['bremɐ]
carpa (f)	**carpa** (f)	['karpɐ]
perca (f)	**perca** (f)	['pɛrkɐ]
siluro (m)	**siluro** (m)	[si'luru]
lucio (m)	**lúcio** (m)	['lusiu]
salmón (m)	**salmão** (m)	[sal'mãu]
esturión (m)	**esturjão** (m)	[əʃtur'ʒãu]
arenque (m)	**arenque** (m)	[ɐ'rẽkə]
salmón (m) del Atlántico	**salmão** (m)	[sal'mãu]
caballa (f)	**cavala, sarda** (f)	[kɐ'valɐ], ['sardɐ]
lenguado (m)	**solha** (f)	['soʎɐ]
lucioperca (f)	**lúcio perca** (m)	['lusiu 'perka]
bacalao (m)	**bacalhau** (m)	[bɐkɐ'ʎau]
atún (m)	**atum** (m)	[ɐ'tũ]
trucha (f)	**truta** (f)	['trutɐ]
anguila (f)	**enguia** (f)	[ẽ'giɐ]
raya (f) eléctrica	**raia elétrica** (f)	['ʀajɐ e'lɛtrikɐ]
morena (f)	**moreia** (f)	[mu'rɐjɐ]
piraña (f)	**piranha** (f)	[pi'rɐɲɐ]
tiburón (m)	**tubarão** (m)	[tubɐ'rãu]
delfín (m)	**golfinho** (m)	[gol'fiɲu]
ballena (f)	**baleia** (f)	[bɐ'lɐjɐ]
centolla (f)	**caranguejo** (m)	[kɐrã'geʒu]
medusa (f)	**medusa, alforreca** (f)	[mə'duzɐ], [alfu'ʀɛkɐ]
pulpo (m)	**polvo** (m)	['polvu]
estrella (f) de mar	**estrela-do-mar** (f)	[ə'ʃtrelɐ du 'mar]
erizo (m) de mar	**ouriço-do-mar** (m)	[o'risu du 'mar]

caballito (m) de mar	**cavalo-marinho** (m)	[kɐ'valu mɐ'riɲu]
ostra (f)	**ostra** (f)	['ɔʃtrɐ]
camarón (m)	**camarão** (m)	[kɐmɐ'rãu]
bogavante (m)	**lavagante** (m)	[lɐvɐ'gãtə]
langosta (f)	**lagosta** (f)	[lɐ'goʃtɐ]

92. Los anfibios. Los reptiles

serpiente (f)	**serpente, cobra** (f)	[sər'pẽtə], ['kɔbrɐ]
venenoso (adj)	**venenoso**	[vənə'nozu]
víbora (f)	**víbora** (f)	['vibuɾɐ]
cobra (f)	**cobra-capelo, naja** (f)	[kɔbrɐkɐ'pɛlu], ['naʒɐ]
pitón (m)	**pitão** (m)	[pi'tãu]
boa (f)	**jiboia** (f)	[ʒi'bɔjɐ]
culebra (f)	**cobra-de-água** (f)	[kɔbrɐdə'aguɐ]
serpiente (m) de cascabel	**cascavel** (f)	[kɐʃkɐ'vɛl]
anaconda (f)	**anaconda** (f)	[ɐnɐ'kõdɐ]
lagarto (m)	**lagarto** (m)	[lɐ'gartu]
iguana (f)	**iguana** (f)	[igu'ɐnɐ]
varano (m)	**varano** (m)	[vɐ'ɾɐnu]
salamandra (f)	**salamandra** (f)	[sɐlɐ'mãdɾɐ]
camaleón (m)	**camaleão** (m)	[kɐmɐ'ljãu]
escorpión (m)	**escorpião** (m)	[əʃkur'pjãu]
tortuga (f)	**tartaruga** (f)	[tɐrtɐ'rugɐ]
rana (f)	**rã** (f)	[ʀã]
sapo (m)	**sapo** (m)	['sapu]
cocodrilo (m)	**crocodilo** (m)	[kruku'dilu]

93. Los insectos

insecto (m)	**inseto** (m)	[ĩ'sɛtu]
mariposa (f)	**borboleta** (f)	[burbu'letɐ]
hormiga (f)	**formiga** (f)	[fur'migɐ]
mosca (f)	**mosca** (f)	['moʃkɐ]
mosquito (m) (picadura de ~)	**mosquito** (m)	[mu'ʃkitu]
escarabajo (m)	**escaravelho** (m)	[əʃkɐrɐ'vɛʎu]
avispa (f)	**vespa** (f)	['vɛʃpɐ]
abeja (f)	**abelha** (f)	[ɐ'bɐʎɐ]
abejorro (m)	**mamangava** (f)	[mɐmã'gavɐ]
moscardón (m)	**moscardo** (m)	[mu'ʃkardu]
araña (f)	**aranha** (f)	[ɐ'rɐɲɐ]
telaraña (f)	**teia** (f) **de aranha**	['tɐjɐ də ɐ'rɐɲɐ]

libélula (f)	**libélula** (f)	[li'bɛlulɐ]
saltamontes (m)	**gafanhoto-do-campo** (m)	[gɐfɐ'ɲotu du 'kãpu]
mariposa (f) nocturna	**traça** (f)	['trasɐ]
cucaracha (f)	**barata** (f)	[bɐ'ratɐ]
garrapata (f)	**carraça** (f)	[kɐ'ʀasɐ]
pulga (f)	**pulga** (f)	['pulgɐ]
mosca (f) negra	**borrachudo** (m)	[buʀɐ'ʃudu]
langosta (f)	**gafanhoto** (m)	[gɐfɐ'ɲotu]
caracol (m)	**caracol** (m)	[kɐrɐ'kɔl]
grillo (m)	**grilo** (m)	['grilu]
luciérnaga (f)	**pirilampo** (m)	[piri'lãpu]
mariquita (f)	**joaninha** (f)	[ʒuɐ'niɲɐ]
sanjuanero (m)	**besouro** (m)	[bə'zoru]
sanguijuela (f)	**sanguessuga** (f)	[sãgə'sugɐ]
oruga (f)	**lagarta** (f)	[lɐ'gartɐ]
lombriz (m) de tierra	**minhoca** (f)	[mi'ɲɔkɐ]
larva (f)	**larva** (f)	['larvɐ]

LA FLORA

T&P Books Publishing

94. Los árboles

árbol (m)	**árvore** (f)	['arvurə]
foliáceo (adj)	**decídua**	[də'siduɐ]
conífero (adj)	**conífera**	[ku'nifərɐ]
de hoja perenne	**perene**	[pə'rɛnə]
manzano (m)	**macieira** (f)	[mɐ'sjɐjrɐ]
peral (m)	**pereira** (f)	[pə'rɐjrɐ]
cerezo (m)	**cerejeira** (f)	[sərə'ʒɐjrɐ]
guindo (m)	**ginjeira** (f)	[ʒĩ'ʒɐjrɐ]
ciruelo (m)	**ameixeira** (f)	[ɐmɐj'ʃɐjrɐ]
abedul (m)	**bétula** (f)	['bɛtulɐ]
roble (m)	**carvalho** (m)	[kɐr'vaʎu]
tilo (m)	**tília** (f)	['tiliɐ]
pobo (m)	**choupo-tremedor** (m)	['ʃopu trəmə'dor]
arce (m)	**bordo** (m)	['bɔrdu]
pícea (f)	**espruce** (m)	[ə'ʃprusə]
pino (m)	**pinheiro** (m)	[pi'ɲɐjru]
alerce (m)	**alerce, lariço** (m)	[ɐ'lɛrsə], [lɐ'risu]
abeto (m)	**abeto** (m)	[ɐ'bɛtu]
cedro (m)	**cedro** (m)	['sɛdru]
álamo (m)	**choupo, álamo** (m)	['ʃopu], ['alɐmu]
serbal (m)	**tramazeira** (f)	[trɐmɐ'zɐjrɐ]
sauce (m)	**salgueiro** (m)	[sa'lgɐjru]
aliso (m)	**amieiro** (m)	[ɐ'mjɐjru]
haya (f)	**faia** (f)	['fajɐ]
olmo (m)	**ulmeiro** (m)	[ul'mɐjru]
fresno (m)	**freixo** (m)	['frɐɪʃu]
castaño (m)	**castanheiro** (m)	[kɐʃtɐ'ɲɐjru]
magnolia (f)	**magnólia** (f)	[mɐ'gnɔliɐ]
palmera (f)	**palmeira** (f)	[pal'mɐjrɐ]
ciprés (m)	**cipreste** (m)	[sip'rɛʃtə]
mangle (m)	**mangue** (m)	['mãgə]
baobab (m)	**embondeiro, baobá** (m)	[ẽbõ'dɐjru], [bau'ba]
eucalipto (m)	**eucalipto** (m)	[eukɐ'liptu]
secoya (f)	**sequoia** (f)	[sə'kwɔjɐ]

95. Los arbustos

mata (f)	**arbusto** (m)	[ɐr'buʃtu]
arbusto (m)	**arbusto** (m), **moita** (f)	[ɐr'buʃtu], ['mojtɐ]
vid (f)	**videira** (f)	[vi'dɐjrɐ]
viñedo (m)	**vinhedo** (m)	[vi'ɲedu]
frambueso (m)	**framboeseira** (f)	[frãbue'zɐjrɐ]
grosellero (m) negro	**groselheira-preta** (f)	[gruzəʎɐjrɐ 'pretɐ]
grosellero (m) rojo	**groselheira-vermelha** (f)	[gruzə'ʎɐjrɐ vər'meʎɐ]
grosellero (m) espinoso	**groselheira** (f) **espinhosa**	[gruzə'ʎɐjrɐ əʃpi'ɲɔzɐ]
acacia (f)	**acácia** (f)	[ɐ'kasiɐ]
berberís (m)	**bérberis** (f)	['bɛrbəriʃ]
jazmín (m)	**jasmim** (m)	[ʒɐʒ'mĩ]
enebro (m)	**junípero** (m)	[ʒu'nipəru]
rosal (m)	**roseira** (f)	[ʀu'zɐjrɐ]
escaramujo (m)	**roseira** (f) **brava**	[ʀu'zɐjrɐ 'bravɐ]

96. Las frutas. Las bayas

fruto (m)	**fruta** (f)	['frutɐ]
frutos (m pl)	**frutas** (f pl)	['frutɐʃ]
manzana (f)	**maçã** (f)	[mɐ'sã]
pera (f)	**pera** (f)	['perɐ]
ciruela (f)	**ameixa** (f)	[ɐ'mɐjʃɐ]
fresa (f)	**morango** (m)	[mu'rãgu]
guinda (f)	**ginja** (f)	['ʒĩʒɐ]
cereza (f)	**cereja** (f)	[sə'rɐʒɐ]
uva (f)	**uva** (f)	['uvɐ]
frambuesa (f)	**framboesa** (f)	[frãbu'ezɐ]
grosella (f) negra	**groselha** (f) **preta**	[gru'zeʎɐ 'pretɐ]
grosella (f) roja	**groselha** (f) **vermelha**	[gru'zeʎɐ vər'meʎɐ]
grosella (f) espinosa	**groselha** (f) **espinhosa**	[gru'zeʎɐ əʃpi'ɲɔzɐ]
arándano (m) agrio	**oxicoco** (m)	[ɔksi'koku]
naranja (f)	**laranja** (f)	[lɐ'rãʒɐ]
mandarina (f)	**tangerina** (f)	[tãʒə'rinɐ]
piña (f)	**ananás** (m)	[ɐnɐ'naʃ]
banana (f)	**banana** (f)	[bɐ'nɐnɐ]
dátil (m)	**tâmara** (f)	['tɐmɐrɐ]
limón (m)	**limão** (m)	[li'mãu]
albaricoque (m)	**damasco** (m)	[dɐ'maʃku]
melocotón (m)	**pêssego** (m)	['pesəgu]

kiwi (m)	**kiwi** (m)	[ki'vi]
toronja (f)	**toranja** (f)	[tu'rãʒɐ]
baya (f)	**baga** (f)	['bagɐ]
bayas (f pl)	**bagas** (f pl)	['bagɐʃ]
arándano (m) rojo	**arando** (m) **vermelho**	[ɐ'rãdu vər'mɐʎu]
fresa (f) silvestre	**morango-silvestre** (m)	[mu'rãgu sil'vɛʃtrə]
arándano (m)	**mirtilo** (m)	[mir'tilu]

97. Las flores. Las plantas

flor (f)	**flor** (f)	[flor]
ramo (m) de flores	**ramo** (m) **de flores**	['ʀɐmu də 'florəʃ]
rosa (f)	**rosa** (f)	['ʀɔzɐ]
tulipán (m)	**tulipa** (f)	[tu'lipɐ]
clavel (m)	**cravo** (m)	['kravu]
gladiolo (m)	**gladíolo** (m)	[glɐ'diulu]
aciano (m)	**centáurea** (f)	[sẽ'tauriɐ]
campanilla (f)	**campânula** (f)	[kã'pɐnulɐ]
diente (m) de león	**dente-de-leão** (m)	['dẽtə də li'ãu]
manzanilla (f)	**camomila** (f)	[kamu'milɐ]
áloe (m)	**aloé** (m)	[ɐlu'ɛ]
cacto (m)	**cato** (m)	['katu]
ficus (m)	**fícus** (m)	['fikuʃ]
azucena (f)	**lírio** (m)	['liriu]
geranio (m)	**gerânio** (m)	[ʒə'rɐniu]
jacinto (m)	**jacinto** (m)	[ʒɐ'sĩtu]
mimosa (f)	**mimosa** (f)	[mi'mɔzɐ]
narciso (m)	**narciso** (m)	[nar'sizu]
capuchina (f)	**capuchinha** (f)	[kɐpu'ʃiɲɐ]
orquídea (f)	**orquídea** (f)	[ɔr'kidiɐ]
peonía (f)	**peónia** (f)	[pi'oniɐ]
violeta (f)	**violeta** (f)	[viu'letɐ]
trinitaria (f)	**amor-perfeito** (m)	[ɐ'mor pər'fɐjtu]
nomeolvides (f)	**não-me-esqueças** (m)	['nãu mə ə'ʃkesɐʃ]
margarita (f)	**margarida** (f)	[mɐrgɐ'ridɐ]
amapola (f)	**papoula** (f)	[pɐ'polɐ]
cáñamo (m)	**cânhamo** (m)	['kɐɲɐmu]
menta (f)	**hortelã** (f)	[ɔrtə'lã]
muguete (m)	**lírio-do-vale** (m)	['liriu du 'valə]
campanilla (f) de las nieves	**campânula-branca** (f)	[kãpɐnulɐ 'brãkɐ]

ortiga (f)	**urtiga** (f)	[ur'tigɐ]
acedera (f)	**azeda** (f)	[ɐ'zedɐ]
nenúfar (m)	**nenúfar** (m)	[nə'nufar]
helecho (m)	**feto** (m), **samambaia** (f)	['fɛtu], [sɐmã'bajɐ]
liquen (m)	**líquen** (m)	['likɛn]
invernadero (m) tropical	**estufa** (f)	[ə'ʃtufɐ]
césped (m)	**relvado** (m)	[ʀɛ'lvadu]
macizo (m) de flores	**canteiro** (m) **de flores**	[kã'tɐjru də 'floraʃ]
planta (f)	**planta** (f)	['plãtɐ]
hierba (f)	**erva** (f)	['ɛrvɐ]
hoja (f) de hierba	**folha** (f) **de erva**	['foʎɐ də 'ɛrvɐ]
hoja (f)	**folha** (f)	['foʎɐ]
pétalo (m)	**pétala** (f)	['pɛtɐlɐ]
tallo (m)	**talo** (m)	['talu]
tubérculo (m)	**tubérculo** (m)	[tu'bɛrkulu]
retoño (m)	**broto, rebento** (m)	['brout], [ʀə'bẽtu]
espina (f)	**espinho** (m)	[ə'ʃpiɲu]
florecer (vi)	**florescer** (vi)	[flurə'ʃser]
marchitarse (vr)	**murchar** (vi)	[mur'ʃar]
olor (m)	**cheiro** (m)	['ʃɐjru]
cortar (vt)	**cortar** (vt)	[kur'tar]
coger (una flor)	**colher** (vt)	[ku'ʎɛr]

98. Los cereales, los granos

grano (m)	**grão** (m)	['grãu]
cereales (m pl) (plantas)	**cereais** (m pl)	[sə'rjaɪʃ]
espiga (f)	**espiga** (f)	[ə'ʃpigɐ]
trigo (m)	**trigo** (m)	['trigu]
centeno (m)	**centeio** (m)	[sẽ'tɐju]
avena (f)	**aveia** (f)	[ɐ'vɐjɐ]
mijo (m)	**milho-miúdo** (m)	['miʎu mi'udu]
cebada (f)	**cevada** (f)	[sə'vadɐ]
maíz (m)	**milho** (m)	['miʎu]
arroz (m)	**arroz** (m)	[ɐ'ʀoʒ]
alforfón (m)	**trigo-sarraceno** (m)	['trigu saʀɐ'senu]
guisante (m)	**ervilha** (f)	[er'viʎɐ]
fréjol (m)	**feijão** (m)	[fɐj'ʒãu]
soya (f)	**soja** (f)	['sɔʒɐ]
lenteja (f)	**lentilha** (f)	[lẽ'tiʎɐ]
habas (f pl)	**fava** (f)	['favɐ]

LOS PAÍSES

T&P Books Publishing

99. Los países. Unidad 1

Afganistán (m)	**Afeganistão** (m)	[ɐfəgɐni'ʃtãu]
Albania (f)	**Albânia** (f)	[al'bɐniɐ]
Alemania (f)	**Alemanha** (f)	[ɐlə'mɐɲɐ]
Arabia (f) Saudita	**Arábia** (f) **Saudita**	[ɐ'rabiɐ sau'ditɐ]
Argentina (f)	**Argentina** (f)	[ɐrʒẽ'tinɐ]
Armenia (f)	**Arménia** (f)	[ɐr'mɛniɐ]
Australia (f)	**Austrália** (f)	[au'ʃtraliɐ]
Austria (f)	**Áustria** (f)	['auʃtriɐ]
Azerbaiyán (m)	**Azerbaijão** (m)	[ɐzərbaj'ʒãu]
Bangladesh (m)	**Bangladesh** (m)	[bãglɐ'dɛʃ]
Bélgica (f)	**Bélgica** (f)	['bɛɫʒikɐ]
Bielorrusia (f)	**Bielorrússia** (f)	[biɛlɔ'ʀusiɐ]
Bolivia (f)	**Bolívia** (f)	[bu'liviɐ]
Bosnia y Herzegovina	**Bósnia e Herzegovina** (f)	['bɔʒniɐ i ɛrzəgɔ'vinɐ]
Brasil (m)	**Brasil** (m)	[brɐ'zil]
Bulgaria (f)	**Bulgária** (f)	[bul'gariɐ]
Camboya (f)	**Camboja** (f)	[kã'bɔʤɐ]
Canadá (f)	**Canadá** (m)	[kɐnɐ'da]
Chequia (f)	**República** (f) **Checa**	[ʀɛ'publikɐ 'ʃɛkɐ]
Chile (m)	**Chile** (m)	['ʃilə]
China (f)	**China** (f)	['ʃinɐ]
Chipre (m)	**Chipre** (m)	['ʃiprə]
Colombia (f)	**Colômbia** (f)	[ku'lõbiɐ]
Corea (f) del Norte	**Coreia** (f) **do Norte**	[ku'ɾɐjɐ du 'nɔrtə]
Corea (f) del Sur	**Coreia** (f) **do Sul**	[ku'ɾɐjɐ du sul]
Croacia (f)	**Croácia** (f)	[kru'asiɐ]
Cuba (f)	**Cuba** (f)	['kubɐ]
Dinamarca (f)	**Dinamarca** (f)	[dinɐ'markɐ]
Ecuador (m)	**Equador** (m)	[ekwɐ'dor]
Egipto (m)	**Egito** (m)	[e'ʒitu]
Emiratos (m pl) Árabes Unidos	**Emirados** (m pl) **Árabes Unidos**	[emi'raduʃ 'arɐbəʃ u'niduʃ]
Escocia (f)	**Escócia** (f)	[ə'ʃkɔsiɐ]
Eslovaquia (f)	**Eslováquia** (f)	[əʒlɔ'vakiɐ]
Eslovenia	**Eslovénia** (f)	[əʒlɔ'vɛniɐ]
España (f)	**Espanha** (f)	[ə'ʃpaɲɐ]
Estados Unidos de América	**Estados Unidos da América** (m pl)	[ə'ʃtaduʃ u'niduʃ dɐ ɐ'mɛrikɐ]
Estonia (f)	**Estónia** (f)	[ə'ʃtɔniɐ]
Finlandia (f)	**Finlândia** (f)	[fĩ'lãdiɐ]
Francia (f)	**França** (f)	['frãsɐ]

100. Los países. Unidad 2

Georgia (f)	**Geórgia** (f)	[ʒi'ɔɾʒiɐ]
Ghana (f)	**Gana** (f)	['gɐnɐ]
Gran Bretaña (f)	**Grã-Bretanha** (f)	[grãbrə'tɐɲɐ]
Grecia (f)	**Grécia** (f)	['grɛsiɐ]
Haití (m)	**Haiti** (m)	[aj'ti]
Hungría (f)	**Hungria** (f)	[ũ'griɐ]
India (f)	**Índia** (f)	['ĩdiɐ]
Indonesia (f)	**Indonésia** (f)	[ĩdɔ'nɛziɐ]
Inglaterra (f)	**Inglaterra** (f)	[ĩglɐ'tɛʀɐ]
Irak (m)	**Iraque** (m)	[i'rakə]
Irán (m)	**Irão** (m)	[i'rãu]
Irlanda (f)	**Irlanda** (f)	[iɾ'lãdɐ]
Islandia (f)	**Islândia** (f)	[i'ʒlãdiɐ]
Islas (f pl) Bahamas	**Bahamas, Baamas** (f pl)	[ba'ɐmɐʃ]
Israel (m)	**Israel** (m)	[iʒʀɐ'ɛl]
Italia (f)	**Itália** (f)	[i'taliɐ]
Jamaica (f)	**Jamaica** (f)	[ʒɐ'majkɐ]
Japón (m)	**Japão** (m)	[ʒɐ'pãu]
Jordania (f)	**Jordânia** (f)	[ʒuɾ'dɐniɐ]
Kazajstán (m)	**Cazaquistão** (m)	[kɐzɐki'ʃtãu]
Kenia (f)	**Quénia** (f)	['kɛniɐ]
Kirguizistán (m)	**Quirguistão** (m)	[kiɾgis'tãu]
Kuwait (m)	**Kuwait** (m)	[ku'wejt]
Laos (m)	**Laos** (m)	[lɐuʃ]
Letonia (f)	**Letónia** (f)	[lə'tɔniɐ]
Líbano (m)	**Líbano** (m)	['libɐnu]
Libia (f)	**Líbia** (f)	['libiɐ]
Liechtenstein (m)	**Liechtenstein** (m)	[liʃtẽ'ʃtajn]
Lituania (f)	**Lituânia** (f)	[litu'ɐniɐ]
Luxemburgo (m)	**Luxemburgo** (m)	[luʃẽ'burgu]
Macedonia	**Macedónia** (f)	[mɐsə'dɔniɐ]
Madagascar (m)	**Madagáscar** (m)	[mɐdɐ'gaʃkaɾ]
Malasia (f)	**Malásia** (f)	[mɐ'laziɐ]
Malta (f)	**Malta** (f)	['maltɐ]
Marruecos (m)	**Marrocos**	[mɐ'ʀɔkuʃ]
Méjico (m)	**México** (m)	['mɛʃiku]
Moldavia (f)	**Moldávia** (f)	[mol'daviɐ]
Mónaco (m)	**Mónaco** (m)	['mɔnɐku]
Mongolia (f)	**Mongólia** (f)	[mõ'gɔliɐ]
Montenegro (m)	**Montenegro** (m)	[mõtə'negru]
Myanmar (m)	**Myanmar** (m), **Birmânia** (f)	[miã'maɾ], [biɾ'mɐniɐ]

101. Los países. Unidad 3

Namibia (f)	**Namíbia** (f)	[nɐ'mibiɐ]
Nepal (m)	**Nepal** (m)	[nə'pal]
Noruega (f)	**Noruega** (f)	[nɔru'ɛgɐ]
Nueva Zelanda (f)	**Nova Zelândia** (f)	['nɔvɐ zə'lãdiɐ]
Países Bajos (m pl)	**Países** (m pl) **Baixos**	[pɐ'izəʃ 'baɪʃuʃ]
Pakistán (m)	**Paquistão** (m)	[pɐki'ʃtãu]
Palestina (f)	**Palestina** (f)	[pɐlə'ʃtinɐ]
Panamá (f)	**Panamá** (m)	[pɐnɐ'ma]
Paraguay (m)	**Paraguai** (m)	[pɐrɐgu'aj]
Perú (m)	**Peru** (m)	[pə'ru]
Polinesia (f) Francesa	**Polinésia** (f) **Francesa**	[puli'nɛziɐ frã'sezɐ]
Polonia (f)	**Polónia** (f)	[pu'lɔniɐ]
Portugal (m)	**Portugal** (m)	[purtu'gal]
República (f) Dominicana	**República** (f) **Dominicana**	[ʀɛ'publikɐ dumini'kɐnɐ]
República (f) Sudafricana	**África** (f) **do Sul**	['afrikɐ du sul]
Rumania (f)	**Roménia** (f)	[ʀu'mɛniɐ]
Rusia (f)	**Rússia** (f)	['ʀusiɐ]
Senegal (m)	**Senegal** (m)	[sənə'gal]
Serbia (f)	**Sérvia** (f)	['sɛrviɐ]
Siria (f)	**Síria** (f)	['siriɐ]
Suecia (f)	**Suécia** (f)	[su'ɛsiɐ]
Suiza (f)	**Suíça** (f)	[su'isɐ]
Surinam (m)	**Suriname** (m)	[suri'nɐmə]
Tayikistán (m)	**Tajiquistão** (m)	[tɐʒiki'ʃtãu]
Tailandia (f)	**Tailândia** (f)	[taj'lãdiɐ]
Taiwán (m)	**Taiwan** (m)	[taj'wɐn]
Tanzania (f)	**Tanzânia** (f)	[tã'zɐniɐ]
Tasmania (f)	**Tasmânia** (f)	[tɐ'ʒmɐniɐ]
Túnez (m)	**Tunísia** (f)	[tu'niziɐ]
Turkmenistán (m)	**Turquemenistão** (m)	[turkəməni'ʃtãu]
Turquía (f)	**Turquia** (f)	[tur'kiɐ]
Ucrania (f)	**Ucrânia** (f)	[u'krɐniɐ]
Uruguay (m)	**Uruguai** (m)	[uru'gwaj]
Uzbekistán (m)	**Uzbequistão** (f)	[uʒbəki'ʃtãu]
Vaticano (m)	**Vaticano** (m)	[vɐti'kɐnu]
Venezuela (f)	**Venezuela** (f)	[vənəzu'ɛlɐ]
Vietnam (m)	**Vietname** (m)	[viɛ'tnɐmə]
Zanzíbar (m)	**Zanzibar** (m)	[zãzi'bar]

GLOSARIO GASTRONÓMICO

Esta sección contiene una gran cantidad de palabras y términos asociados con la comida. Este diccionario le hará más fácil la comprensión del menú de un restaurante y la elección del plato adecuado

T&P Books Publishing

Español-Portugués glosario gastronómico

¡Que aproveche!	**Bom apetite!**	[bõ ɐpə'titə]
abrebotellas (m)	**abre-garrafas** (m)	[abrə gɐ'ʀafɐʃ]
abrelatas (m)	**abre-latas** (m)	[abrə 'latɐʃ]
aceite (m) de girasol	**óleo** (m) **de girassol**	['ɔliu də ʒirɐ'sɔl]
aceite (m) de oliva	**azeite** (m)	[ɐ'zɐjtə]
aceite (m) vegetal	**óleo** (m) **vegetal**	['ɔliu vəʒə'tal]
agua (f)	**água** (f)	['aguɐ]
agua (f) mineral	**água** (f) **mineral**	['aguɐ minə'ral]
agua (f) potable	**água** (f) **potável**	['aguɐ pu'tavɛl]
aguacate (m)	**abacate** (m)	[ɐbɐ'katə]
ahumado (adj)	**fumado**	[fu'madu]
ajo (m)	**alho** (m)	['aʎu]
albahaca (f)	**manjericão** (m)	[mãʒəri'kãu]
albaricoque (m)	**damasco** (m)	[dɐ'maʃku]
alcachofa (f)	**alcachofra** (f)	[alkɐ'ʃofrɐ]
alforfón (m)	**trigo-sarraceno** (m)	['trigu sɐʀɐ'senu]
almendra (f)	**amêndoa** (f)	[ɐ'mẽduɐ]
almuerzo (m)	**almoço** (m)	[al'mosu]
amargo (adj)	**amargo**	[ɐ'margu]
anís (m)	**anis** (m)	[ɐ'niʃ]
anguila (f)	**enguia** (f)	[ẽ'giɐ]
aperitivo (m)	**aperitivo** (m)	[ɐpəri'tivu]
apetito (m)	**apetite** (m)	[ɐpə'titə]
apio (m)	**aipo** (m)	['ajpu]
arándano (m)	**mirtilo** (m)	[mir'tilu]
arándano (m) agrio	**oxicoco** (m)	[ɔksi'koku]
arándano (m) rojo	**arando** (m) **vermelho**	[ɐ'rãdu vər'mɐʎu]
arenque (m)	**arenque** (m)	[ɐ'rẽkə]
arroz (m)	**arroz** (m)	[ɐ'ʀɔʒ]
atún (m)	**atum** (m)	[ɐ'tũ]
avellana (f)	**avelã** (f)	[ɐvə'lã]
avena (f)	**aveia** (f)	[ɐ'vejɐ]
azúcar (m)	**açúcar** (m)	[ɐ'sukar]
azafrán (m)	**açafrão** (m)	[ɐsɐ'frãu]
azucarado, dulce (adj)	**doce, açucarado**	['dosə], [ɐsukɐ'radu]
bacalao (m)	**bacalhau** (m)	[bɐkɐ'ʎau]
banana (f)	**banana** (f)	[bɐ'nɐnɐ]
bar (m)	**bar** (m), **cervejaria** (f)	[bar], [sərvəʒɐ'riɐ]
barman (m)	**barman** (m)	['barmɐn]
batido (m)	**batido** (m) **de leite**	[bɐ'tidu də 'lɐjtə]
baya (f)	**baga** (f)	['bagɐ]
bayas (f pl)	**bagas** (f pl)	['bagɐʃ]
bebida (f) sin alcohol	**bebida** (f) **sem álcool**	[bə'bidɐ sɛn 'alkuɔl]
bebidas (f pl) alcohólicas	**bebidas** (f pl) **alcoólicas**	[bə'bidɐʃ alku'ɔlikɐʃ]

beicon (m)	**bacon** (m)	['bɐjkɐn]
berenjena (f)	**beringela** (f)	[bərĩ'ʒɛlɐ]
bistec (m)	**bife** (m)	['bifə]
bocadillo (m)	**sandes** (f)	['sãdəʃ]
boleto (m) áspero	**míscaro** (m) **das bétulas**	['miʃkɐru dɐʃ 'bɛtulɐʃ]
boleto (m) castaño	**boleto** (m) **alaranjado**	[bu'letu 'ɐlɐrã'ʒadu]
brócoli (m)	**brócolos** (m pl)	['brɔkuluʃ]
brema (f)	**brema** (f)	['bremɐ]
cóctel (m)	**coquetel** (m)	[kɔkə'tɛl]
caballa (f)	**cavala, sarda** (f)	[kɐ'valɐ], ['sardɐ]
cacahuete (m)	**amendoim** (m)	[ɐmẽdu'ĩ]
café (m)	**café** (m)	[kɐ'fɛ]
café (m) con leche	**café** (m) **com leite**	[kɐ'fɛ kõ 'lɐjtə]
café (m) solo	**café** (m) **puro**	[kɐ'fɛ 'puru]
café (m) soluble	**café** (m) **solúvel**	[kɐ'fɛ su'luvɛl]
calabacín (m)	**curgete** (f)	[kur'ʒɛtə]
calabaza (f)	**abóbora** (f)	[ɐ'bɔburɐ]
calamar (m)	**lula** (f)	['lulɐ]
caldo (m)	**caldo** (m)	['kaldu]
caliente (adj)	**quente**	['kẽtə]
caloría (f)	**caloria** (f)	[kɐlu'riɐ]
camarón (m)	**camarão** (m)	[kɐmɐ'rãu]
camarera (f)	**empregada** (f)	[ẽprə'gadɐ]
camarero (m)	**empregado** (m)	[ẽprə'gadu]
canela (f)	**canela** (f)	[kɐ'nɛlɐ]
cangrejo (m) de mar	**caranguejo** (m)	[kɐrã'gɐʒu]
capuchino (m)	**cappuccino** (m)	[kapu'tʃinu]
caramelo (m)	**rebuçado** (m)	[ʀəbu'sadu]
carbohidratos (m pl)	**carboidratos** (m pl)	[kɐrbuid'ratuʃ]
carne (f)	**carne** (f)	['karnə]
carne (f) de carnero	**carne** (f) **de carneiro**	['karnə də kɐr'nɐjru]
carne (f) de cerdo	**carne** (f) **de porco**	['karnə də 'porku]
carne (f) de ternera	**carne** (f) **de vitela**	['karnə də vi'tɛlɐ]
carne (f) de vaca	**carne** (f) **de vaca**	['karnə də 'vakɐ]
carne (f) picada	**carne** (f) **moída**	['karnə mu'idɐ]
carpa (f)	**carpa** (f)	['karpɐ]
carta (f) de vinos	**lista** (f) **de vinhos**	['liʃtɐ də 'viɲuʃ]
carta (f), menú (m)	**ementa** (f)	[e'mẽtɐ]
caviar (m)	**caviar** (m)	[ka'vjar]
caza (f) menor	**caça** (f)	['kasɐ]
cebada (f)	**cevada** (f)	[sə'vadɐ]
cebolla (f)	**cebola** (f)	[sə'bolɐ]
cena (f)	**jantar** (m)	[ʒã'tar]
centeno (m)	**centeio** (m)	[sẽ'tɐju]
cereales (m pl)	**cereais** (m pl)	[sə'rjaɪʃ]
cereales (m pl) integrales	**grãos** (m pl) **de cereais**	['grãuʃ də sə'rjaɪʃ]
cereza (f)	**cereja** (f)	[sə'rɐʒɐ]
cerveza (f)	**cerveja** (f)	[sər'vɐʒɐ]
cerveza (f) negra	**cerveja** (f) **preta**	[sər'vɐʒɐ 'pretɐ]
cerveza (f) rubia	**cerveja** (f) **clara**	[sər'vɐʒɐ 'klarɐ]
champaña (f)	**champanhe** (m)	[ʃã'pɐɲə]
chicle (m)	**pastilha** (f) **elástica**	[pɐ'ʃtiʎɐ e'laʃtikɐ]

chocolate (m)	**chocolate** (m)	[ʃuku'latə]
cilantro (m)	**coentro** (m)	[ku'ẽtru]
ciruela (f)	**ameixa** (f)	[ɐ'mɐjʃɐ]
clara (f)	**clara** (f) **do ovo**	['klarɐ du 'ovu]
clavo (m)	**cravo** (m)	['kravu]
coñac (m)	**conhaque** (m)	[ku'ɲakə]
cocido en agua (adj)	**cozido**	[ku'zidu]
cocina (f)	**cozinha** (f)	[ku'ziɲɐ]
col (f)	**couve** (f)	['kovə]
col (f) de Bruselas	**couve-de-bruxelas** (f)	['kovə də bru'ʃɛlɐʃ]
coliflor (f)	**couve-flor** (f)	['kovə 'flor]
colmenilla (f)	**morchella** (f)	[mu'rʃɛlɐ]
comida (f)	**comida** (f)	[ku'midɐ]
comino (m)	**cominho** (m)	[ku'miɲu]
con gas	**com gás**	[kõ gaʃ]
con hielo	**com gelo**	[kõ 'ʒelu]
condimento (m)	**condimento** (m)	[kõdi'mẽtu]
conejo (m)	**carne** (f) **de coelho**	['karnə də ku'ɐʎu]
confitura (f)	**doce** (m)	['dosə]
confitura (f)	**doce** (m)	['dosə]
congelado (adj)	**congelado**	[kõʒə'ladu]
conservas (f pl)	**enlatados** (m pl)	[ẽlɐ'taduʃ]
copa (f) de vino	**taça** (f) **de vinho**	['tasɐ də 'viɲu]
copos (m pl) de maíz	**flocos** (m pl) **de milho**	['flɔkuʃ də 'miʎu]
crema (f) de mantequilla	**creme** (m)	['krɛmə]
crustáceos (m pl)	**crustáceos** (m pl)	[kru'ʃtasiuʃ]
cuchara (f)	**colher** (f)	[ku'ʎɛr]
cuchara (f) de sopa	**colher** (f) **de sopa**	[ku'ʎɛr də 'sopɐ]
cucharilla (f)	**colher** (f) **de chá**	[ku'ʎɛr də ʃa]
cuchillo (m)	**faca** (f)	['fakɐ]
cuenta (f)	**conta** (f)	['kõtɐ]
dátil (m)	**tâmara** (f)	['tɐmɐrɐ]
de chocolate (adj)	**de chocolate**	[də ʃuku'latə]
desayuno (m)	**pequeno-almoço** (m)	[pə'kenu al'mosu]
dieta (f)	**dieta** (f)	[di'ɛtɐ]
eneldo (m)	**funcho, endro** (m)	['fũʃu], ['ẽdru]
ensalada (f)	**salada** (f)	[sɐ'ladɐ]
entremés (m)	**entrada** (f)	[ẽ'tradɐ]
espárrago (m)	**espargo** (m)	[ə'ʃpargu]
espagueti (m)	**espaguete** (m)	[əʃpɐ'getə]
especia (f)	**especiaria** (f)	[əʃpəsiɐ'riɐ]
espiga (f)	**espiga** (f)	[ə'ʃpigɐ]
espinaca (f)	**espinafre** (m)	[əʃpi'nafrə]
esturión (m)	**esturjão** (m)	[əʃtur'ʒɐ̃u]
fletán (m)	**halibute** (m)	[ali'butə]
fréjol (m)	**feijão** (m)	[fɐj'ʒɐ̃u]
frío (adj)	**frio**	['friu]
frambuesa (f)	**framboesa** (f)	[frɐ̃bu'ezɐ]
fresa (f)	**morango** (m)	[mu'rɐ̃gu]
fresa (f) silvestre	**morango-silvestre** (m)	[mu'rɐ̃gu sil'vɛʃtrə]
frito (adj)	**frito**	['fritu]
fruto (m)	**fruta** (f)	['frutɐ]

frutos (m pl)	**frutas** (f pl)	['frutɐʃ]
gachas (f pl)	**papa** (f)	['papɐ]
galletas (f pl)	**bolacha** (f)	[bu'laʃɐ]
gallina (f)	**galinha** (f)	[gɐ'liɲɐ]
ganso (m)	**ganso** (m)	['gãsu]
gaseoso (adj)	**gaseificada**	[gɐziifi'kadɐ]
ginebra (f)	**gim** (m)	[ʒĩ]
gofre (m)	**waffle** (m)	['wɐjfəl]
granada (f)	**romã** (f)	[ʀu'mã]
grano (m)	**grão** (m)	['grãu]
grasas (f pl)	**gorduras** (f pl)	[gur'durɐʃ]
grosella (f) espinosa	**groselha** (f) **espinhosa**	[gru'zeʎɐ əʃpi'ɲɔzɐ]
grosella (f) negra	**groselha** (f) **preta**	[gru'zeʎɐ 'pretɐ]
grosella (f) roja	**groselha** (f) **vermelha**	[gru'zeʎɐ vər'meʎɐ]
guarnición (f)	**conduto** (m)	[kõ'dutu]
guinda (f)	**ginja** (f)	['ʒĩʒɐ]
guisante (m)	**ervilha** (f)	[er'viʎɐ]
hígado (m)	**fígado** (m)	['figɐdu]
habas (f pl)	**fava** (f)	['favɐ]
hamburguesa (f)	**hambúrguer** (m)	[ã'burgɛr]
harina (f)	**farinha** (f)	[fɐ'riɲɐ]
helado (m)	**gelado** (m)	[ʒə'ladu]
hielo (m)	**gelo** (m)	['ʒelu]
higo (m)	**figo** (m)	['figu]
hoja (f) de laurel	**folhas** (f pl) **de louro**	['foʎɐʃ də 'loru]
huevo (m)	**ovo** (m)	['ovu]
huevos (m pl)	**ovos** (m pl)	['ɔvuʃ]
huevos (m pl) fritos	**ovos** (m pl) **estrelados**	['ɔvuʃ əʃtrə'laduʃ]
jamón (m)	**fiambre** (f)	['fjãbrə]
jamón (m) fresco	**presunto** (m)	[prə'zũtu]
jengibre (m)	**gengibre** (m)	[ʒẽ'ʒibrə]
jugo (m) de tomate	**sumo** (m) **de tomate**	['sumu də tu'matə]
kiwi (m)	**kiwi** (m)	[ki'vi]
langosta (f)	**lagosta** (f)	[lɐ'goʃtɐ]
leche (f)	**leite** (m)	['lɐjtə]
leche (f) condensada	**leite** (m) **condensado**	['lɐjtə kõdẽ'sadu]
lechuga (f)	**alface** (f)	[al'fasə]
legumbres (f pl)	**legumes** (m pl)	[lə'gumәʃ]
lengua (f)	**língua** (f)	['lĩguɐ]
lenguado (m)	**solha** (f)	['soʎɐ]
lenteja (f)	**lentilha** (f)	[lẽ'tiʎɐ]
licor (m)	**licor** (m)	[li'kor]
limón (m)	**limão** (m)	[li'mãu]
limonada (f)	**limonada** (f)	[limu'nadɐ]
loncha (f)	**fatia** (f)	[fɐ'tiɐ]
lucio (m)	**lúcio** (m)	['lusiu]
lucioperca (f)	**lúcio perca** (m)	['lusiu 'perka]
maíz (m)	**milho** (m)	['miʎu]
maíz (m)	**milho** (m)	['miʎu]
macarrones (m pl)	**massas** (f pl)	['masɐʃ]
mandarina (f)	**tangerina** (f)	[tãʒə'rinɐ]
mango (m)	**manga** (f)	['mãgɐ]

mantequilla (f)	**manteiga** (f)	[mã'tejgɐ]
manzana (f)	**maçã** (f)	[mɐ'sã]
margarina (f)	**margarina** (f)	[mɐrgɐ'rinɐ]
marinado (adj)	**em conserva**	[ẽ kõ'sɛrvɐ]
mariscos (m pl)	**mariscos** (m pl)	[mɐ'riʃkuʃ]
matamoscas (m)	**agário-das-moscas** (m)	[ɐ'gariu dɐʒ 'moʃkɐʃ]
mayonesa (f)	**maionese** (f)	[maju'nezə]
melón (m)	**meloa** (f), **melão** (m)	[mə'loɐ], [mə'lãu]
melocotón (m)	**pêssego** (m)	['pesəgu]
mermelada (f)	**geleia** (f) **de frutas**	[ʒə'lɐjɐ də 'frutɐʃ]
miel (f)	**mel** (m)	[mɛl]
miga (f)	**migalha** (f)	[mi'gaʎɐ]
mijo (m)	**milho-miúdo** (m)	['miʎu mi'udu]
mini tarta (f)	**bolo** (m)	['bolu]
mondadientes (m)	**palito** (m)	[pɐ'litu]
mostaza (f)	**mostarda** (f)	[mu'ʃtardɐ]
nabo (m)	**nabo** (m)	['nabu]
naranja (f)	**laranja** (f)	[lɐ'rãʒɐ]
nata (f) agria	**nata** (f) **azeda**	['natɐ ɐ'zedɐ]
nata (f) líquida	**nata** (f) **do leite**	['natɐ du 'lɐjtə]
nuez (f)	**noz** (f)	[nɔʒ]
nuez (f) de coco	**coco** (m)	['koku]
olivas, aceitunas (f pl)	**azeitonas** (f pl)	[ɐzɐj'tonɐʒ]
oronja (f) verde	**cicuta** (f) **verde**	[si'kutɐ 'verdə]
ostra (f)	**ostra** (f)	['ɔʃtrɐ]
pan (m)	**pão** (m)	['pãu]
papaya (f)	**papaia** (f), **mamão** (m)	[pɐ'pajɐ], [mɐ'mãu]
paprika (f)	**páprica** (f)	['paprikɐ]
pasas (f pl)	**uvas** (f pl) **passas**	['uvɐʃ 'pasɐʃ]
pasteles (m pl)	**pastelaria** (f)	[pɐʃtəlɐ'riɐ]
paté (m)	**patê** (m)	[pɐ'te]
patata (f)	**batata** (f)	[bɐ'tatɐ]
pato (m)	**pato** (m)	['patu]
pava (f)	**peru** (m)	[pə'ru]
pedazo (m)	**bocado, pedaço** (m)	[bu'kadu], [pə'dasu]
pepino (m)	**pepino** (m)	[pə'pinu]
pera (f)	**pera** (f)	['perɐ]
perca (f)	**perca** (f)	['pɛrkɐ]
perejil (m)	**salsa** (f)	['salsɐ]
pescado (m)	**peixe** (m)	['pɐɪʃə]
piña (f)	**ananás** (m)	[ɐnɐ'naʃ]
piel (f)	**casca** (f)	['kaʃkɐ]
pimienta (f) negra	**pimenta** (f) **preta**	[pi'mẽtɐ 'pretɐ]
pimienta (f) roja	**pimenta** (f) **vermelha**	[pi'mẽtɐ vər'mɐʎɐ]
pimiento (m) dulce	**pimentão** (m)	[pimẽ'tãu]
pistachos (m pl)	**pistáchios** (m pl)	[pi'ʃtaʃiuʃ]
pizza (f)	**pizza** (f)	['pitzɐ]
platillo (m)	**pires** (m)	['pirəʃ]
plato (m)	**prato** (m)	['pratu]
plato (m)	**prato** (m)	['pratu]
pomelo (m)	**toranja** (f)	[tu'rãʒɐ]
porción (f)	**porção** (f)	[pur'sãu]

postre (m)	**sobremesa** (f)	[sobrə'mezɐ]
propina (f)	**gorjeta** (f)	[gur'ʒetɐ]
proteínas (f pl)	**proteínas** (f pl)	[prɔtɐ'inɐʃ]
pudin (m)	**pudim** (m)	[pu'dĩ]
puré (m) de patatas	**puré** (m) **de batata**	[pu'rɛ də bɐ'tatɐ]
queso (m)	**queijo** (m)	['kɐjʒu]
rábano (m)	**rabanete** (m)	[ʀɐbɐ'netə]
rábano (m) picante	**raiz-forte** (f)	[ʀɐ'iʃ 'fɔrtə]
rúsula (f)	**rússula** (f)	['ʀusulɐ]
rebozuelo (m)	**cantarela** (f)	[kãtɐ'rɛla]
receta (f)	**receita** (f)	[ʀə'sɐjtɐ]
refresco (m)	**refresco** (m)	[ʀə'freʃku]
regusto (m)	**gostinho** (m)	[gu'ʃtiɲu]
relleno (m)	**recheio** (m)	[ʀə'ʃeju]
remolacha (f)	**beterraba** (f)	[bətə'ʀabɐ]
ron (m)	**rum** (m)	[ʀũ]
sésamo (m)	**sésamo** (m)	['sɛzɐmu]
sabor (m)	**sabor, gosto** (m)	[sɐ'bor], ['goʃtu]
sabroso (adj)	**gostoso**	[gu'ʃtozu]
sacacorchos (m)	**saca-rolhas** (m)	['sakɐ 'ʀoʎɐʃ]
sal (f)	**sal** (m)	[sal]
salado (adj)	**salgado**	[sa'lgadu]
salchichón (m)	**chouriço, salsichão** (m)	[ʃo'risu], [salsi'ʃãu]
salchicha (f)	**salsicha** (f)	[sa'lsiʃɐ]
salmón (m)	**salmão** (m)	[sal'mãu]
salmón (m) del Atlántico	**salmão** (m)	[sal'mãu]
salsa (f)	**molho** (m)	['moʎu]
sandía (f)	**melancia** (f)	[məlã'siɐ]
sardina (f)	**sardinha** (f)	[sɐr'diɲɐ]
seco (adj)	**seco**	['seku]
seta (f)	**cogumelo** (m)	[kugu'mɛlu]
seta (f) comestible	**cogumelo** (m) **comestível**	[kugu'mɛlu kumə'ʃtivɛl]
seta (f) venenosa	**cogumelo** (m) **venenoso**	[kugu'mɛlu vənə'nozu]
seta calabaza (f)	**boleto** (m)	[bu'letu]
siluro (m)	**siluro** (m)	[si'luru]
sin alcohol	**sem álcool**	[sɛm 'alkuɔl]
sin gas	**sem gás**	[sẽʲ gaʃ]
sopa (f)	**sopa** (f)	['sopɐ]
soya (f)	**soja** (f)	['sɔʒɐ]
té (m)	**chá** (m)	[ʃa]
té (m) negro	**chá** (m) **preto**	[ʃa 'pretu]
té (m) verde	**chá** (m) **verde**	[ʃa 'verdə]
tallarines (m pl)	**talharim** (m)	[tɐʎɐ'rĩ]
tarta (f)	**bolo** (m) **de aniversário**	['bolu də ɐnivər'sariu]
tarta (f)	**tarte** (f)	['tartə]
taza (f)	**chávena** (f)	['ʃavənɐ]
tenedor (m)	**garfo** (m)	['garfu]
tiburón (m)	**tubarão** (m)	[tubɐ'rãu]
tomate (m)	**tomate** (m)	[tu'matə]
tortilla (f) francesa	**omelete** (f)	[ɔmə'lɛtə]
trigo (m)	**trigo** (m)	['trigu]
trucha (f)	**truta** (f)	['trutɐ]

uva (f)	**uva** (f)	['uvɐ]
vaso (m)	**copo** (m)	['kɔpu]
vegetariano (adj)	**vegetariano**	[vəʒətɐ'rjɐnu]
vegetariano (m)	**vegetariano** (m)	[vəʒətɐ'rjɐnu]
verduras (f pl)	**verduras** (f pl)	[vər'durɐʃ]
vermú (m)	**vermute** (m)	[vər'mutə]
vinagre (m)	**vinagre** (m)	[vi'nagrə]
vino (m)	**vinho** (m)	['viɲu]
vino (m) blanco	**vinho** (m) **branco**	['viɲu 'brɐ̃ku]
vino (m) tinto	**vinho** (m) **tinto**	['viɲu 'tĩtu]
vitamina (f)	**vitamina** (f)	[vitɐ'minɐ]
vodka (m)	**vodca, vodka** (f)	['vɔdkɐ]
whisky (m)	**uísque** (m)	[u'iʃkə]
yema (f)	**gema** (f) **do ovo**	['ʒemɐ du 'ovu]
yogur (m)	**iogurte** (m)	[jɔ'gurtə]
zanahoria (f)	**cenoura** (f)	[sə'norɐ]
zarzamoras (f pl)	**amora silvestre** (f)	[ɐ'mɔrɐ sil'vɛʃtrə]
zumo (m) de naranja	**sumo** (m) **de laranja**	['sumu də lɐ'rɐ̃ʒɐ]
zumo (m) fresco	**sumo** (m) **fresco**	['sumu 'freʃku]
zumo (m), jugo (m)	**sumo** (m)	['sumu]

Portugués-Español glosario gastronómico

água (f)	['aguɐ]	agua (f)
água (f) **mineral**	['aguɐ minə'ral]	agua (f) mineral
água (f) **potável**	['aguɐ pu'tavɛl]	agua (f) potable
óleo (m) **de girassol**	['ɔliu də ʒirɐ'sɔl]	aceite (m) de girasol
óleo (m) **vegetal**	['ɔliu vəʒə'tal]	aceite (m) vegetal
açúcar (m)	[ɐ'sukar]	azúcar (m)
açafrão (m)	[ɐsɐ'frãu]	azafrán (m)
abóbora (f)	[ɐ'bɔburɐ]	calabaza (f)
abacate (m)	[ɐbɐ'katə]	aguacate (m)
abre-garrafas (m)	[abrə gɐ'ʀafɐʃ]	abrebotellas (m)
abre-latas (m)	[abrə 'latɐʃ]	abrelatas (m)
agário-das-moscas (m)	[ɐ'gariu dɐʒ 'moʃkɐʃ]	matamoscas (m)
aipo (m)	['ajpu]	apio (m)
alcachofra (f)	[alkɐ'ʃofrɐ]	alcachofa (f)
alface (f)	[al'fasə]	lechuga (f)
alho (m)	['aʎu]	ajo (m)
almoço (m)	[al'mosu]	almuerzo (m)
amêndoa (f)	[ɐ'mẽduɐ]	almendra (f)
amargo	[ɐ'margu]	amargo (adj)
ameixa (f)	[ɐ'mɐjʃɐ]	ciruela (f)
amendoim (m)	[ɐmẽdu'ĩ]	cacahuete (m)
amora silvestre (f)	[ɐ'mɔrɐ sil'vɛʃtrə]	zarzamoras (f pl)
ananás (m)	[ɐnɐ'naʃ]	piña (f)
anis (m)	[ɐ'niʃ]	anís (m)
aperitivo (m)	[ɐpəri'tivu]	aperitivo (m)
apetite (m)	[ɐpə'titə]	apetito (m)
arando (m) **vermelho**	[ɐ'rãdu vər'mɐʎu]	arándano (m) rojo
arenque (m)	[ɐ'rẽkə]	arenque (m)
arroz (m)	[ɐ'ʀɔʒ]	arroz (m)
atum (m)	[ɐ'tũ]	atún (m)
aveia (f)	[ɐ'vɐjɐ]	avena (f)
avelã (f)	[ɐvə'lã]	avellana (f)
azeite (m)	[ɐ'zɐjtə]	aceite (m) de oliva
azeitonas (f pl)	[ɐzɐj'tonɐʒ]	olivas, aceitunas (f pl)
bacalhau (m)	[bɐkɐ'ʎau]	bacalao (m)
bacon (m)	['bɐjkɐn]	beicon (m)
baga (f)	['bagɐ]	baya (f)
bagas (f pl)	['bagɐʃ]	bayas (f pl)
banana (f)	[bɐ'nɐnɐ]	banana (f)
bar (m), **cervejaria** (f)	[bar], [sərvəʒɐ'riɐ]	bar (m)
barman (m)	['barmɐn]	barman (m)
batata (f)	[bɐ'tatɐ]	patata (f)
batido (m) **de leite**	[bɐ'tidu də 'lɐjtə]	batido (m)
bebida (f) **sem álcool**	[bə'bidɐ sɛn 'alkuɔl]	bebida (f) sin alcohol

bebidas (f pl) **alcoólicas**	[bə'bideʃ alku'ɔlikeʃ]	bebidas (f pl) alcohólicas
beringela (f)	[bərĩ'ʒɛlɐ]	berenjena (f)
beterraba (f)	[bətə'ʀabɐ]	remolacha (f)
bife (m)	['bifə]	bistec (m)
bocado, pedaço (m)	[bu'kadu], [pə'dasu]	pedazo (m)
bolacha (f)	[bu'laʃɐ]	galletas (f pl)
boleto (m)	[bu'letu]	seta calabaza (f)
boleto (m) **alaranjado**	[bu'letu 'ɐlɐrã'ʒadu]	boleto (m) castaño
bolo (m)	['bolu]	mini tarta (f)
bolo (m) **de aniversário**	['bolu də ɐnivər'sariu]	tarta (f)
Bom apetite!	[bõ ɐpə'titə]	¡Que aproveche!
brócolos (m pl)	['brɔkuluʃ]	brócoli (m)
brema (f)	['bremɐ]	brema (f)
caça (f)	['kasɐ]	caza (f) menor
café (m)	[kɐ'fɛ]	café (m)
café (m) **com leite**	[kɐ'fɛ kõ 'lɐjtə]	café (m) con leche
café (m) **puro**	[kɐ'fɛ 'puru]	café (m) solo
café (m) **solúvel**	[kɐ'fɛ su'luvɛl]	café (m) soluble
caldo (m)	['kaldu]	caldo (m)
caloria (f)	[kɐlu'riɐ]	caloría (f)
camarão (m)	[kɐmɐ'rãu]	camarón (m)
canela (f)	[kɐ'nɛlɐ]	canela (f)
cantarela (f)	[kãtɐ'rɛla]	rebozuelo (m)
cappuccino (m)	[kapu'ʧinu]	capuchino (m)
caranguejo (m)	[kɐrã'geʒu]	cangrejo (m) de mar
carboidratos (m pl)	[kɐrbuid'ratuʃ]	carbohidratos (m pl)
carne (f)	['karnə]	carne (f)
carne (f) **de carneiro**	['karnə də kɐr'nɐjru]	carne (f) de carnero
carne (f) **de coelho**	['karnə də ku'ɐʎu]	conejo (m)
carne (f) **de porco**	['karnə də 'porku]	carne (f) de cerdo
carne (f) **de vaca**	['karnə də 'vakɐ]	carne (f) de vaca
carne (f) **de vitela**	['karnə də vi'tɛlɐ]	carne (f) de ternera
carne (f) **moída**	['karnə mu'idɐ]	carne (f) picada
carpa (f)	['karpɐ]	carpa (f)
casca (f)	['kaʃkɐ]	piel (f)
cavala, sarda (f)	[kɐ'valɐ], ['sardɐ]	caballa (f)
caviar (m)	[ka'vjar]	caviar (m)
cebola (f)	[sə'bolɐ]	cebolla (f)
cenoura (f)	[sə'norɐ]	zanahoria (f)
centeio (m)	[sẽ'tɐju]	centeno (m)
cereais (m pl)	[sə'rjaɪʃ]	cereales (m pl)
cereja (f)	[sə'reʒɐ]	cereza (f)
cerveja (f)	[sər'veʒɐ]	cerveza (f)
cerveja (f) **clara**	[sər'veʒɐ 'klarɐ]	cerveza (f) rubia
cerveja (f) **preta**	[sər'veʒɐ 'pretɐ]	cerveza (f) negra
cevada (f)	[sə'vadɐ]	cebada (f)
chá (m)	[ʃa]	té (m)
chá (m) **preto**	[ʃa 'pretu]	té (m) negro
chá (m) **verde**	[ʃa 'verdə]	té (m) verde
chávena (f)	['ʃavənɐ]	taza (f)
champanhe (m)	[ʃã'pɐɲə]	champaña (f)
chocolate (m)	[ʃuku'latə]	chocolate (m)

chouriço, salsichão (m)	[ʃo'risu], [salsi'ʃãu]	salchichón (m)
cicuta (f) **verde**	[si'kutɐ 'verdə]	oronja (f) verde
clara (f) **do ovo**	['klarɐ du 'ovu]	clara (f)
coco (m)	['koku]	nuez (f) de coco
coentro (m)	[ku'ẽtru]	cilantro (m)
cogumelo (m)	[kugu'mɛlu]	seta (f)
cogumelo (m) **comestível**	[kugu'mɛlu kumə'ʃtivɛl]	seta (f) comestible
cogumelo (m) **venenoso**	[kugu'mɛlu vənə'nozu]	seta (f) venenosa
colher (f)	[ku'ʎɛɾ]	cuchara (f)
colher (f) **de chá**	[ku'ʎɛɾ də ʃa]	cucharilla (f)
colher (f) **de sopa**	[ku'ʎɛɾ də 'sopɐ]	cuchara (f) de sopa
com gás	[kõ gaʃ]	con gas
com gelo	[kõ 'ʒelu]	con hielo
comida (f)	[ku'midɐ]	comida (f)
cominho (m)	[ku'miɲu]	comino (m)
condimento (m)	[kõdi'mẽtu]	condimento (m)
conduto (m)	[kõ'dutu]	guarnición (f)
congelado	[kõʒə'ladu]	congelado (adj)
conhaque (m)	[ku'ɲakə]	coñac (m)
conta (f)	['kõtɐ]	cuenta (f)
copo (m)	['kɔpu]	vaso (m)
coquetel (m)	[kɔkə'tɛl]	cóctel (m)
couve (f)	['kovə]	col (f)
couve-de-bruxelas (f)	['kovə də bru'ʃɛləʃ]	col (f) de Bruselas
couve-flor (f)	['kovə 'flor]	coliflor (f)
cozido	[ku'zidu]	cocido en agua (adj)
cozinha (f)	[ku'ziɲɐ]	cocina (f)
cravo (m)	['kravu]	clavo (m)
creme (m)	['krɛmə]	crema (f) de mantequilla
crustáceos (m pl)	[kru'ʃtasiuʃ]	crustáceos (m pl)
curgete (f)	[kur'ʒɛtə]	calabacín (m)
damasco (m)	[dɐ'maʃku]	albaricoque (m)
de chocolate	[də ʃuku'latə]	de chocolate (adj)
dieta (f)	[di'ɛtɐ]	dieta (f)
doce (m)	['dosə]	confitura (f)
doce (m)	['dosə]	confitura (f)
doce, açucarado	['dosə], [ɐsukɐ'radu]	azucarado, dulce (adj)
em conserva	[ẽ kõ'sɛrvɐ]	marinado (adj)
ementa (f)	[e'mẽtɐ]	carta (f), menú (m)
empregada (f)	[ẽprə'gadɐ]	camarera (f)
empregado (m)	[ẽprə'gadu]	camarero (m)
enguia (f)	[ẽ'giɐ]	anguila (f)
enlatados (m pl)	[ẽlɐ'taduʃ]	conservas (f pl)
entrada (f)	[ẽ'tradɐ]	entremés (m)
ervilha (f)	[er'viʎɐ]	guisante (m)
espaguete (m)	[əʃpɐ'getə]	espagueti (m)
espargo (m)	[ə'ʃpargu]	espárrago (m)
especiaria (f)	[əʃpəsiɐ'riɐ]	especia (f)
espiga (f)	[ə'ʃpigɐ]	espiga (f)
espinafre (m)	[əʃpi'nafrə]	espinaca (f)
esturjão (m)	[əʃtur'ʒãu]	esturión (m)
fígado (m)	['figɐdu]	hígado (m)

faca (f)	['fakɐ]	cuchillo (m)
farinha (f)	[fɐ'riɲɐ]	harina (f)
fatia (f)	[fɐ'tiɐ]	loncha (f)
fava (f)	['favɐ]	habas (f pl)
feijão (m)	[fɐj'ʒãu]	fréjol (m)
fiambre (f)	['fjãbrə]	jamón (m)
figo (m)	['figu]	higo (m)
flocos (m pl) **de milho**	['flɔkuʃ də 'miʎu]	copos (m pl) de maíz
folhas (f pl) **de louro**	['foʎɐʃ də 'loru]	hoja (f) de laurel
framboesa (f)	[frãbu'ezɐ]	frambuesa (f)
frio	['friu]	frío (adj)
frito	['fritu]	frito (adj)
fruta (f)	['frutɐ]	fruto (m)
frutas (f pl)	['frutɐʃ]	frutos (m pl)
fumado	[fu'madu]	ahumado (adj)
funcho, endro (m)	['fũʃu], ['ẽdru]	eneldo (m)
galinha (f)	[gɐ'liɲɐ]	gallina (f)
ganso (m)	['gãsu]	ganso (m)
garfo (m)	['garfu]	tenedor (m)
gaseificada	[gɐziifi'kadɐ]	gaseoso (adj)
gelado (m)	[ʒə'ladu]	helado (m)
geleia (f) **de frutas**	[ʒə'lɐjɐ də 'frutɐʃ]	mermelada (f)
gelo (m)	['ʒelu]	hielo (m)
gema (f) **do ovo**	['ʒemɐ du 'ovu]	yema (f)
gengibre (m)	[ʒẽ'ʒibrə]	jengibre (m)
gim (m)	[ʒĩ]	ginebra (f)
ginja (f)	['ʒĩʒɐ]	guinda (f)
gorduras (f pl)	[gur'durɐʃ]	grasas (f pl)
gorjeta (f)	[gur'ʒetɐ]	propina (f)
gostinho (m)	[gu'ʃtiɲu]	regusto (m)
gostoso	[gu'ʃtozu]	sabroso (adj)
grão (m)	['grãu]	grano (m)
grãos (m pl) **de cereais**	['grãuʃ də sə'rjaɪʃ]	cereales (m pl) integrales
groselha (f) **espinhosa**	[gru'zɐʎɐ əʃpi'ɲɔzɐ]	grosella (f) espinosa
groselha (f) **preta**	[gru'zɐʎɐ 'pretɐ]	grosella (f) negra
groselha (f) **vermelha**	[gru'zɐʎɐ vər'mɐʎɐ]	grosella (f) roja
halibute (m)	[ali'butə]	fletán (m)
hambúrguer (m)	[ã'burgɛr]	hamburguesa (f)
iogurte (m)	[jɔ'gurtə]	yogur (m)
jantar (m)	[ʒã'tar]	cena (f)
kiwi (m)	[ki'vi]	kiwi (m)
língua (f)	['lĩguɐ]	lengua (f)
lúcio (m)	['lusiu]	lucio (m)
lúcio perca (m)	['lusiu 'perka]	lucioperca (f)
lagosta (f)	[lɐ'goʃtɐ]	langosta (f)
laranja (f)	[lɐ'rãʒɐ]	naranja (f)
legumes (m pl)	[lə'guməʃ]	legumbres (f pl)
leite (m)	['lɐjtə]	leche (f)
leite (m) **condensado**	['lɐjtə kõdẽ'sadu]	leche (f) condensada
lentilha (f)	[lẽ'tiʎɐ]	lenteja (f)
licor (m)	[li'kor]	licor (m)
limão (m)	[li'mãu]	limón (m)

limonada (f)	[limu'nadɐ]	limonada (f)
lista (f) **de vinhos**	['liʃtɐ də 'viɲuʃ]	carta (f) de vinos
lula (f)	['lulɐ]	calamar (m)
míscaro (m) **das bétulas**	['miʃkɐru dɐʃ 'bɛtulɐʃ]	boleto (m) áspero
maçã (f)	[mɐ'sã]	manzana (f)
maionese (f)	[maju'nezə]	mayonesa (f)
manga (f)	['mãgɐ]	mango (m)
manjericão (m)	[mãʒəri'kãu]	albahaca (f)
manteiga (f)	[mã'tɐjgɐ]	mantequilla (f)
margarina (f)	[mɐrgɐ'rinɐ]	margarina (f)
mariscos (m pl)	[mɐ'riʃkuʃ]	mariscos (m pl)
massas (f pl)	['masɐʃ]	macarrones (m pl)
mel (m)	[mɛl]	miel (f)
melancia (f)	[məlã'siɐ]	sandía (f)
meloa (f), **melão** (m)	[mə'loɐ], [mə'lãu]	melón (m)
migalha (f)	[mi'gaʎɐ]	miga (f)
milho (m)	['miʎu]	maíz (m)
milho (m)	['miʎu]	maíz (m)
milho-miúdo (m)	['miʎu mi'udu]	mijo (m)
mirtilo (m)	[mir'tilu]	arándano (m)
molho (m)	['moʎu]	salsa (f)
morango (m)	[mu'rãgu]	fresa (f)
morango-silvestre (m)	[mu'rãgu sil'vɛʃtrə]	fresa (f) silvestre
morchella (f)	[mu'rʃɛlɐ]	colmenilla (f)
mostarda (f)	[mu'ʃtardɐ]	mostaza (f)
nabo (m)	['nabu]	nabo (m)
nata (f) **azeda**	['natɐ ɐ'zedɐ]	nata (f) agria
nata (f) **do leite**	['natɐ du 'lɐjtə]	nata (f) líquida
noz (f)	[nɔʒ]	nuez (f)
omelete (f)	[ɔmə'lɛtə]	tortilla (f) francesa
ostra (f)	['ɔʃtrɐ]	ostra (f)
ovo (m)	['ovu]	huevo (m)
ovos (m pl)	['ɔvuʃ]	huevos (m pl)
ovos (m pl) **estrelados**	['ɔvuʃ əʃtrə'laduʃ]	huevos (m pl) fritos
oxicoco (m)	[ɔksi'koku]	arándano (m) agrio
páprica (f)	['paprikɐ]	paprika (f)
pão (m)	['pãu]	pan (m)
pêssego (m)	['pesəgu]	melocotón (m)
palito (m)	[pɐ'litu]	mondadientes (m)
papa (f)	['papɐ]	gachas (f pl)
papaia (f), **mamão** (m)	[pɐ'pajɐ], [mɐ'mãu]	papaya (f)
pastelaria (f)	[pɐʃtəlɐ'riɐ]	pasteles (m pl)
pastilha (f) **elástica**	[pɐ'ʃtiʎɐ e'laʃtikɐ]	chicle (m)
patê (m)	[pɐ'te]	paté (m)
pato (m)	['patu]	pato (m)
peixe (m)	['pɐɪʃə]	pescado (m)
pepino (m)	[pə'pinu]	pepino (m)
pequeno-almoço (m)	[pə'kenu al'mosu]	desayuno (m)
pera (f)	['perɐ]	pera (f)
perca (f)	['pɛrkɐ]	perca (f)
peru (m)	[pə'ru]	pava (f)
pimentão (m)	[pimẽ'tãu]	pimiento (m) dulce

pimenta (f) **preta**	[pi'mẽtɐ 'pretɐ]	pimienta (f) negra
pimenta (f) **vermelha**	[pi'mẽtɐ vər'meʎɐ]	pimienta (f) roja
pires (m)	['pirəʃ]	platillo (m)
pistáchios (m pl)	[pi'ʃtaʃiuʃ]	pistachos (m pl)
pizza (f)	['pitzɐ]	pizza (f)
porção (f)	[pur'sãu]	porción (f)
prato (m)	['pratu]	plato (m)
prato (m)	['pratu]	plato (m)
presunto (m)	[prə'zũtu]	jamón (m) fresco
proteínas (f pl)	[prɔtɐ'inɐʃ]	proteínas (f pl)
pudim (m)	[pu'dĩ]	pudin (m)
puré (m) **de batata**	[pu'rɛ də bɐ'tatɐ]	puré (m) de patatas
queijo (m)	['kɐjʒu]	queso (m)
quente	['kẽtə]	caliente (adj)
rússula (f)	['ʀusulɐ]	rúsula (f)
rabanete (m)	[ʀɐbɐ'netə]	rábano (m)
raiz-forte (f)	[ʀɐ'iʃ 'fɔrtə]	rábano (m) picante
rebuçado (m)	[ʀəbu'sadu]	caramelo (m)
receita (f)	[ʀə'sɐjtɐ]	receta (f)
recheio (m)	[ʀə'ʃɐju]	relleno (m)
refresco (m)	[ʀə'freʃku]	refresco (m)
romã (f)	[ʀu'mã]	granada (f)
rum (m)	[ʀũ]	ron (m)
sésamo (m)	['sɛzɐmu]	sésamo (m)
sabor, gosto (m)	[sɐ'bor], ['goʃtu]	sabor (m)
saca-rolhas (m)	['sakɐ 'ʀoʎɐʃ]	sacacorchos (m)
sal (m)	[sal]	sal (f)
salada (f)	[sɐ'ladɐ]	ensalada (f)
salgado	[sa'lgadu]	salado (adj)
salmão (m)	[sal'mãu]	salmón (m)
salmão (m)	[sal'mãu]	salmón (m) del Atlántico
salsa (f)	['salsɐ]	perejil (m)
salsicha (f)	[sa'lsiʃɐ]	salchicha (f)
sandes (f)	['sãdəʃ]	bocadillo (m)
sardinha (f)	[sɐr'diɲɐ]	sardina (f)
seco	['seku]	seco (adj)
sem álcool	[sɛm 'alkuɔl]	sin alcohol
sem gás	[sẽʲ gaʃ]	sin gas
siluro (m)	[si'luru]	siluro (m)
sobremesa (f)	[sobrə'mezɐ]	postre (m)
soja (f)	['sɔʒɐ]	soya (f)
solha (f)	['soʎɐ]	lenguado (m)
sopa (f)	['sopɐ]	sopa (f)
sumo (m)	['sumu]	zumo (m), jugo (m)
sumo (m) **de laranja**	['sumu də lɐ'rãʒɐ]	zumo (m) de naranja
sumo (m) **de tomate**	['sumu də tu'matə]	jugo (m) de tomate
sumo (m) **fresco**	['sumu 'freʃku]	zumo (m) fresco
tâmara (f)	['tɐmɐrɐ]	dátil (m)
taça (f) **de vinho**	['tasɐ də 'viɲu]	copa (f) de vino
talharim (m)	[tɐʎɐ'rĩ]	tallarines (m pl)
tangerina (f)	[tãʒə'rinɐ]	mandarina (f)
tarte (f)	['tartə]	tarta (f)

tomate (m)	[tu'matə]	tomate (m)
toranja (f)	[tu'rãʒɐ]	pomelo (m)
trigo (m)	['trigu]	trigo (m)
trigo-sarraceno (m)	['trigu saʀɐ'senu]	alforfón (m)
truta (f)	['trutɐ]	trucha (f)
tubarão (m)	[tubɐ'rãu]	tiburón (m)
uísque (m)	[u'iʃkə]	whisky (m)
uva (f)	['uvɐ]	uva (f)
uvas (f pl) **passas**	['uvɐʃ 'pasɐʃ]	pasas (f pl)
vegetariano	[vəʒətɐ'rjɐnu]	vegetariano (adj)
vegetariano (m)	[vəʒətɐ'rjɐnu]	vegetariano (m)
verduras (f pl)	[vər'durɐʃ]	verduras (f pl)
vermute (m)	[vər'mutə]	vermú (m)
vinagre (m)	[vi'nagrə]	vinagre (m)
vinho (m)	['viɲu]	vino (m)
vinho (m) **branco**	['viɲu 'brãku]	vino (m) blanco
vinho (m) **tinto**	['viɲu 'tĩtu]	vino (m) tinto
vitamina (f)	[vitɐ'minɐ]	vitamina (f)
vodca, vodka (f)	['vɔdkɐ]	vodka (m)
waffle (m)	['wɐjfəl]	gofre (m)

www.ingramcontent.com/pod-product-compliance
Lightning Source LLC
La Vergne TN
LVHW051259080426
835509LV00020B/3052